CAMPING

FÜR ANFÄNGER

Der ultimative Outdoor-Guide

Clever Campen in der Natur mit dem Wohnmobil:
Die besten Camping-Hacks der Outdoor-Experten -
In einfachen Schritten zum Profi-Camper

INHALT

Einleitung

Mit dem Wohnmobil oder Zelt zu campen, erfreut sich immer größerer Beliebtheit. Im Jahr 2020 erlebte die Campingbranche einen wahren Boom. Dieser wurde mitunter durch die Corona-Pandemie ausgelöst. Denn immer mehr Reisende verspüren das Bedürfnis nach Abenteuer, Nähe zur Natur und größtmöglicher Flexibilität. Beim Campen werden diese Bedürfnisse gestillt und gleichzeitig ist es möglich, einen gewissen Komfort zu genießen. Nicht nur abenteuerlustige Singles, sondern auch Familien und Pärchen entscheiden sich für einen Campingurlaub. Dieser bietet ein unvergessliches Erlebnis für Jung und Alt. Ein Campingurlaub stellt eine kostengünstige Möglichkeit für einen tollen Urlaub dar.

Da Vorfreude die schönste Freude ist, kann man gar nicht früh genug mit der Planung beginnen. Campen ist eine günstige sowie naturnahe Art, einen besonderen Urlaub zu erleben. Der Urlaub im Camper oder im Zelt ist nicht nur während der Corona-Pandemie bei Jung und Alt äußerst beliebt. Camping ermöglicht es, auf eine unkomplizierte Art zahlreiche sehenswerte Orte zu entdecken.

Damit der Campingurlaub ein voller Erfolg wird, lohnt es sich, sich im Vorfeld zu informieren. Dieser Ratgeber gibt Empfehlungen und Tipps zu verschiedenen Themen. Nicht nur Camping-Neulinge erhalten mit diesem Ratgeber zahlreiche Informationen. Auch versierte Camper können neue Anregungen erhalten.

Die Campingbranche boomt

Campingurlaub hatte einige Jahrzehnte lang nicht das beste Image. Er galt als spießig und langweilig. Doch nun erfreut sich Campingurlaub seit einigen Jahren nicht nur in Deutschland großer Beliebtheit. Besonders diesen Sommer, während der Corona-Pandemie, erlebte die Campingbranche einen Boom. Nicht nur dieses Jahr haben Fahrzeughersteller und Campingplätze neue Rekorde gemeldet.

Der Boom der Campingbranche begann etwa im Jahr 2013. Die Anzahl der Reisemobile, die in Deutschland zugelassen sind, stieg von etwa 100.000 auf 450.000 an. Dieser Trend war zwischen 2013 und 2017 zu verzeichnen. Während dieses Zeitraums waren gravierende Produktionsengpässe zu verzeichnen. Die Gebrauchtwagenmärkte waren ebenfalls leergefegt. Aber nicht nur die Zahl der zugelassenen Wohnmobile, sondern auch der zugelassenen Caravans stieg stetig. Mittlerweile sind in Deutschland über eine Million zugelassene „Freizeitmobile" zu verzeichnen.

Urlaub in Deutschland im Camper oder Zelt ermöglicht ein hohes Maß an Flexibilität. Camping bietet Freiheit und die Möglichkeit, das tägliche Umfeld zu verlassen. Dennoch hat man mit einem Camper sein mobiles Heim dabei. Beim Campen kann man selbst entscheiden, wie lange man an einem Ort verweilen möchte. Der alltägliche Stress und Termindruck rücken in den Hintergrund. Man kann entspannt in den Tag hineinleben.

Außerdem kann man mit einem voll ausgestatteten Wohnmobil auch außerhalb eines Campingplatzes einen längeren Aufenthalt einlegen. Mittlerweile bieten die meisten Campingplätze eine hervorragende Ausstattung. So bieten sie häufig verschiedene Sportmöglichkeiten, einen Pool und verschiedene Restaurants. Diejenigen, die es weniger komfortabel mögen, kommen auf naturbelassenen Campingplätzen auf ihre Kosten.

Im Gegensatz zu einer Pauschalreise ist ein Campingurlaub äußerst günstig. Zudem ist er auch gesund. In der Regel verbringt man die meiste Zeit an der frischen Luft und ist in Bewegung. Als Camper bietet es sich geradezu an, die umliegende Gegend zu erkunden. Ein Campingurlaub bietet zudem die Möglichkeit, neue Kontakte zu knüpfen. Denn hier kommt man leicht mit anderen Campern ins Gespräch. Somit kann ein Campingurlaub viel facettenreicher sein als ein anderer Urlaub.

Vor Reiseantritt

Wer glaubt, dass eine Tour mit einem Wohnmobil kaum Planung bedarf, irrt sich. Zahlreiche Menschen träumen davon, einfach einzusteigen, loszufahren und den Traum von Freiheit zu leben. Je routinierter Sie beim Thema Camping sind, desto weniger Vorbereitung werden Sie benötigen. Doch besonders als Neuling in der Campingbranche sollten Sie die notwendigen To-Dos vor Reiseantritt nicht auf die leichte Schulter nehmen. Denn kaum etwas ist ärgerlicher, als etwas zu vergessen. Zwar können Sie nahezu überall die Dinge, die Sie vergessen haben, nachkaufen, dennoch schont es Ihre Reisekasse, im Vorfeld an alles zu denken. Und Vorfreude ist ja bekanntlich die schönste Freude. Aus diesem Grund sollten gerade Campingneulinge sich gut auf einen Urlaub mit dem Wohnmobil vorbereiten.

PLANUNG

Um einen unbeschwerten Campingurlaub zu verbringen, sollte dieser am besten im Vorfeld geplant werden. Zunächst sollte man sich auf die Wahl des Reiseziels beschränken. Eine Kostenkalkulation kann dabei helfen, das passende Reiseziel abzustecken. Griechenland, Spanien und Italien bieten eine sehr gute touristische Infrastruktur. Hier kommt jeder Urlaubstyp auf seine Kosten. Für Familien mit Kindern empfehlen sich die Ostsee sowie Italien als Reiseziel. Abenteurer sowie Individualisten sollten vorzugsweise die osteuropäischen und skandinavischen Länder bereisen. Kroatien, Slowenien und Österreich sind ein wahres Paradies für Aktivurlauber.

Die meisten Camper sind in der sommerlichen Hochsaison anzutreffen. Jedoch ist es auch in der Nebensaison möglich, günstig zu reisen.

Somit sollte man sich im Vorfeld informieren, wann in der Zieldestination die Hauptsaison ist. Wenn man mit einem Camper oder Wohnmobil unterwegs ist, möchte man in der Regel mehrere Orte besuchen. Die Reiseroute sollte am besten im Vorfeld geplant werden. Das Internet sowie zahlreiche Apps geben Aufschluss darüber, wo sich Parkmöglichkeiten oder Campingplätze an der Route befinden.

Sie sollten keinesfalls zu viele Kilometer fahren. Zwar lassen sich Wohnmobile relativ schnell und komfortabel fahren. Jedoch kann man das Gefährt nicht mit einem Pkw vergleichen. Für die Fahrt müssen deutlich längere Zeiten eingeplant werden. Nur so kann man die Reise wirklich genießen. Wenn Sie eine Strecke zwischen 800 und 1.000 Kilometern zurücklegen möchten, sollten sie diese Tour im Vorfeld planen. Selbst wenn Sie bei ihrem Roadtrip zwischen 400 und 500 Kilometer täglich zurücklegen, kommt keine Urlaubsstimmung auf. Sofern Sie Campinganfänger sind, sollten Sie sich nicht verzetteln. Denn häufig planen Campinganfänger zu lange Touren in einer zu kurzen Zeit.

Weiterhin empfiehlt es sich, die Übernachtungen im Vorfeld zu planen. Dies ist durchaus sinnvoll, gerade wenn Sie während der Hauptsaison unterwegs sind. Diese ist in Deutschland zwischen Ostern und Oktober. Bei den meisten Campingplätzen können Sie einen Stellplatz für eine Übernachtung im Vorfeld reservieren. Bei überfüllten Campingplätzen neigen zahlreiche Camper zum Wildcamping. Dies wird jedoch nicht so gerne gesehen. Außerdem kontrolliert die Polizei in der Hauptsaison nicht selten Parkplätze und bittet die Camper, sich ein anderes Quartier zu suchen. Überdies bringt eine Reservierung auf einem Campingplatz eine große Zeitersparnis mit sich. Somit bleibt mehr Zeit für die Sehenswürdigkeiten vor Ort.

Tägliche Ortswechsel sind für einen entspannten Campingurlaub das absolute No-Go. Selbst ein Roadtrip ist wenig reizvoll, wenn Sie täglich Ihren Standort verändern. Besser ist es, wenn Sie bei der

Reiseplanung im Vorfeld verschiedene Standorte wählen. Dort können Sie einige Tage bleiben. Die weitere Route kann alternativ auch während der Reise geplant werden. Wenn Sie eine interessante Gegend besuchen, lohnen sich eher Tagestouren anstatt eines täglichen Campingplatzwechsels. Damit tatsächlich Urlaubsfeeling aufkommt, sollten Sie dennoch den einen oder anderen Ruhetag auf dem Campingplatz einplanen.

Während vor einigen Jahren noch ein Routenplaner oder Reiseführer für Campingplätze notwendig war, sind diese größtenteils auch als App erhältlich. Je nachdem, wie viel Datenvolumen Ihnen zur Verfügung steht, kann es sich lohnen, sich im Vorfeld die Daten herunterzuladen und zu speichern. Außerdem können Sie sich so auf die Tour vorbereiten und schauen, welche Campingplätze infrage kommen.

PACKLISTE

Besonders Campingneulinge stehen vor der Frage, welche Dinge sie unbedingt einpacken müssen, wenn sie zum ersten Mal einen Roadtrip planen. Deshalb sollte man sich darüber informieren, was man für einen Camping-Alltag benötigt. Das Erstellen einer Packliste kann dabei helfen, die wichtigsten Utensilien nicht zu vergessen. Am besten sollten Sie Ihre Packliste in verschiedene Teile untergliedern. Nur so können Sie sicherstellen, dass Sie nichts vergessen.

Damit eine optimale Stromversorgung gewährleistet ist, sollten Sie sich ein Stromkabel von mindestens 25 Metern Länge zulegen. Wichtig ist, dass das Stromkabel für draußen geeignet ist. Weiterhin benötigen Sie einen CEE-Camping-Stromadapter. Dieser dient dazu, das Wohnmobil mit der Stromsäule zu verbinden. Sofern Sie mit einem Camper unterwegs sind, indem eine Sanitäranlage integriert ist, benötigen Sie einen Gartenschlauch, um den Frischwassertank zu befüllen. Wenn Sie jedoch mit einem Van reisen, der lediglich mit einem kleinen Wassertank ausgestattet ist, genügen ein Wasserkanister oder eine Gießkanne. Zum Kochen wird in einem Wohnmobil in der Regel Gas verwendet. Damit der Herd optimal mit voller Leistung betrieben werden kann, benötigen Sie zwei Gasflaschen mit einem Fassungsvermögen von jeweils elf Litern. Bei einem kleinen Van genügt eine Gasflasche mit fünf Litern. Außerdem sollten Sie an eine Zange denken, damit Sie die Gasflaschen gut öffnen können. Denn nicht selten verkanten die Verschlüsse. Der Toilettenzusatz für das Camping-WC ist unerlässlich. Nicht nur im Sommer werden andernfalls unangenehme Gerüche freigesetzt. Wenn der Camper über eine Markise verfügt, sollten Sie überlegen, ob sie diese am Boden befestigen. Dies funktioniert am besten mit einem Hammer und Heringen. Die Heringe sind allerdings in der Regel als Zubehör im Camper zu finden.

Bei der Wahl der Kleidung gibt es ebenfalls einige Dinge zu beachten. Sie sollten für die Reise unbedingt Kleidung wählen, die nicht knittert. Während einer Reise bewahren Sie Ihre Kleidung in Gepäckfächern im Fahrzeug auf. Jedoch verrutscht die Kleidung häufig während der Fahrt. Überdies verfügt ein Wohnmobil selten über eine Kleiderstange, sodass die Kleidung nicht an Kleiderbügeln aufgehängt werden kann. Außerdem sollten Sie auch im Sommer eine Allwetterjacke, mindestens einen warmen Pullover oder einen Longsleeve einpacken. Je nachdem, wo Sie sich auf Ihrer Reise befinden, können die Abende und Nächte selbst im Sommer etwas kühl sein. Weiterhin sollten Sie an T-Shirts, lange und kurze Hosen, Socken, Unterwäsche, einen Pyjama sowie bequeme Schuhe denken. Im Sommer dürfen Badesachen nicht fehlen.

Um den Camping-Alltag bestreiten zu können, benötigen Sie einige Haushaltswaren. Sie sollten Ihren Camper mit Bettwäsche und Handtüchern ausstatten. Ein Feuerzeug und Teelichter sowie eine Taschenlampe helfen der Dunkelheit Abhilfe. Für Wanderungen sollten Sie an einen Rucksack denken. Auch wenn Sie im Wohnmobil kochen möchten, genügt es, wenn Sie sich auf eine minimalistische Ausstattung beschränken. Teller, Besteck, Gläser, Tassen, eine Pfanne, Töpfe, ein Kaffeefilter sowie ein Wasserkessel sollten in keinem Wohnmobil fehlen. Außerdem können sich Küchentücher, ein Putzlappen und Müllbeutel als nützliche Helfer erweisen. Wenn Ihr Van nicht mit einer Kochzeile ausgestattet ist, lohnt es sich, dennoch an einen Gasbrenner oder eine Gaskartusche zum Kochen zu denken.

In der Regel sind die meisten Wohnmobile nur mit einem kleinen Badezimmer ausgestattet. Je nachdem, wie viel Platz Sie zum Verstauen haben, können Sie Shampoo, Duschgel, Zahnpasta oder andere Hygieneartikel in Reisegrößen kaufen. Beim Toilettenpapier müssen Sie zwingend darauf achten, dass es sich zersetzt. Nur so ist gewährleistet, dass die Campingtoilette nicht verstopft. Dieses spezielle Toilettenpapier ist im Baumarkt erhältlich.

Wenn Sie sich für einen festen Stellplatz auf einem Campingplatz entscheiden, möchten Sie bei schönem Wetter mit Sicherheit einige Zeit draußen verbringen. Damit der Boden des Wohnmobils sauber bleibt, sollten Sie sich für den Eingangsbereich eine Fußmatte zulegen. Hierzu bieten sich ein Campingtisch sowie Campingstühle an. Die Anschaffung eines Grills kann sich ebenfalls lohnen. Mittlerweile bietet der Markt zahlreiche kleine und kostengünstige Gasgrills. Dieser lässt sich leicht verstauen und optimal reinigen. Wenn Sie sich einen Grill anschaffen, sollten Sie in jedem Fall Grillanzünder und Kohle oder Gas für den Grill anschaffen.

Damit Sie auf Ihre technischen Geräte während der Reise nicht verzichten müssen, sollten Sie vor der Abreise prüfen, ob ein mobiler Wechselrichter im Fahrzeug integriert ist. Außerdem ist ein Ladekabel mit 12 Volt- bzw. einem Kfz-Anschluss von Vorteil. Somit können Sie wie gewohnt Ihre mobilen Geräte im Camper nutzen. Wenn Sie einen Stellplatz auf einem Campingplatz haben, können Sie häufig das WLAN nutzen. Die meisten Campingplätze sind mit WLAN ausgestattet, deshalb können Sie ruhigen Gewissens nach einer WLAN Verbindung fragen, damit Sie Ihr Datenvolumen schonen können.

Sobald Sie auf einem Campingplatz Halt machen, darf das notwendige Kleingeld nicht fehlen. Denn für Stromsäulen, Sanitär- und Versorgungsanlagen ist Münzgeld notwendig. Die Stellplatzgebühren sind vor Ort zu entrichten.

Außerdem sollten Sie verschiedene Dokumente einscannen und an Ihre E-Mail-Adresse schicken. Sie sollten auf jeden Fall ein Duplikat Ihres Reise- oder Impfpass mit sich führen. Überdies benötigen sie unbedingt eine Auslandskrankenversicherungs-Police, Ihren Führer- und Fahrzeugschein.

Eine Auslandskrankenversicherung ist bei jeder Reise ins Ausland unerlässlich. Jedoch unterscheiden sich die verschiedenen Anbieter stark in Hinsicht auf Kosten und Leistungen. Aus diesem Grund sollte man vor der Reise nach der passenden Police recherchieren. Hierbei können mögliche Vorerkrankungen eine Rolle spielen. Diese sollten durch die Auslandskrankenversicherung gedeckt sein. Außerdem muss geklärt werden, wer im Krankheitsfall über den Rücktransport nach Deutschland entscheidet. Hierfür kommen entweder der Arzt am Heimatort oder der ausländische Arzt in Frage.

Am besten bewahren Sie die wichtigen Dokumente in einer Dokumentenmappe auf.

Je nachdem, wie lange Ihr Roadtrip dauern soll, sollten Sie zu Hause gewisse Vorkehrungen treffen, um Fixkosten zu sparen. Bei einer längeren Rundreise lohnt es sich, Zeitschriftenabos abzubestellen. Wenn Sie dennoch nicht gänzlich auf Ihre Zeitschriften verzichten möchten, sollten Sie sich überlegen, ob es Sinn macht, die Zeitschriften digital zu abonnieren. Bei einer Reise im Winter können Sie bei den Heizkosten bares

Geld sparen. Zeitschaltuhren können dabei behilflich sein. Wenn dies nicht möglich ist, können Sie die Heizung entweder auf die kleinste Stufe oder komplett abstellen. Damit Lebensmittelvorräte nicht verderben, ist es besser, diese vor der Reise aufzubrauchen.

NÜTZLICH FÜR DIE PRAXIS

Manche Dinge haben sich in der Praxis im Camping-Alltag bewährt. Um Ihre elektronischen Geräte am Strand vor Sand und Verunreinigungen zu schützen, eignen sich Zip-Lock-Beutel. In diesen finden mühelos E-Book-Reader und Smartphones Platz. Positiv ist hierbei, dass Sie Nachrichten oder die Uhrzeit lesen können und das Gerät in dem Beutel dennoch geschützt ist. Bei den meisten Smartphones können Sie durch den Beutel den Bildschirm bedienen.

Wenn Sie sich extra für Ihren Camper Handtücher anschaffen, sollten Sie darauf achten, dass es sich um Mikrofaser-Handtücher handelt. Herkömmliche Handtücher, die Sie zu Hause verwenden, sind in der Regel aus Baumwolle. Diese trocknen verhältnismäßig langsam. Außerdem sind Mikrofaser-Handtücher leichter und kleiner.

Beim Blick über den Campingplatz werden Ihnen häufig Lichterketten von Weihnachten ins Auge stechen. Diese machen optisch so einiges her. Als Lichtquelle vor dem Camper oder auch im Inneren des Fahrzeugs erfüllen diese Lichterketten ihren Zweck. Nicht selten sind weihnachtliche Lichterketten am Gestänge der Markise geschnürt oder über dem Bett angebracht. Die meisten Lichterketten sind batteriebetrieben, sodass sie auch bei einer schwachen Bordbatterie in Betrieb bleiben können. Beim Kauf einer Lichterkette sollten Sie darauf achten, dass sie batteriebetrieben ist, denn Wohnmobile sind in der Regel spärlich mit Steckdosen ausgestattet.

Die Wahl der Bettwäsche dürfen Sie ebenfalls nicht vernachlässigen.

Sobald Sie ebenfalls im Frühjahr oder Herbst mit dem Camper unterwegs sind, lohnt es sich, warme Bettwäsche mitzunehmen. Wenn Sie sich lediglich einen Satz Decken anschaffen möchten, empfiehlt sich ein doppeltes Oberbett mit Druckknöpfen. Wenn die Nächte besonders warm oder kalt sind, können Sie ohne großen Aufwand die Decke schnell wechseln.

Da im Wohnmobil wenig Platz vorhanden ist, sollten Sie darauf achten, Ihr Hab und Gut platzsparend zu verstauen. Für die schmutzige Wäsche können Sie einen Beutel mit Henkeln verwenden. Diesen können Sie an einem Klebehaken an der Schranktür befestigen. Der Vorteil ist, dass der Beutel somit kein Platz mehr benötigt. Um Kleidung, Handtücher oder Bettwäsche platzsparend aufzubewahren, eignen sich Vakuumbeutel perfekt. So legen Sie Ihre Kleidung in den Beutel und saugen anschließend die Luft heraus. Dies ist einerseits ideal, um Platz zu sparen. Andererseits verrutscht Ihre Kleidung nicht in den Aufbewahrungsfächern während Ihrer Tour. Außerdem eignen sich Hängeregale sowie Schuhorganizer, um für Ordnung zu sorgen. Diese lassen sich im Vorzelt, im Kleiderschrank oder auch an der Markise anbringen.

Eine Poolnudel ist nicht nur bei Kindern zum Spielen im Wasser äußerst beliebt. Beim Camping erfüllt sie ebenfalls ihren Zweck. Denn hier können Sie dieses Spielzeug um die Kanten Ihres Vorzeltteppichs legen. Bei starkem Regen wird der Teppich durch die Poolnudel nach oben gehalten. Somit bleibt der Teppich trocken und sauber, da Schmutz, Matsch und Wasser nicht über den Rand laufen können. Weiterhin dient sie auch als Regenrinne. Dazu müssen Sie die Poolnudel ein wenig einschneiden.

Nun wird sie um den Rand der Markise geklemmt. Diese Konstruktion sorgt dafür, dass das Wasser nicht von der Markise tropft. Tropfendes Wasser kann nämlich sehr unangenehm sein. Wenn Sie Ihr Wohnmobil im Winter nicht nutzen oder den Kühlschrank reinigen möchten, lassen Sie wie viele andere Camper die Tür des Geräts offen. Denn nur so ist gewährleistet, dass sich im Innenraum das Kühlschranks kein Schimmel bilden kann. Die meisten älteren Modelle sind derartig gefertigt, dass die Tür weit genug geöffnet bleibt, sobald das Gerät nicht genutzt wird. Wenn Sie auf Nummer sicher gehen wollen, dass die Tür auch tatsächlich offen bleibt, verwenden Sie einfach ein Stück der Poolnudel. Die Poolnudel schneiden Sie bis zur Mitte ein und klemmen sie um die Dichtung des Kühlschranks. Somit wird verhindert, dass sich die Tür unbeabsichtigt schließt. Wenn Sie schmale Gegenstände wie Bodenhaken, Angeln oder Heringe für eine Markise schützen möchten, eignet sich die Mitte einer Poolnudel bestens.

GEPÄCK OPTIMAL VERSTAUEN

Damit Sie zu Beginn des Campingurlaubs nicht auf Platzprobleme stoßen, sollten Sie sich im Vorfeld einige Gedanken zum effizienten Packen machen. Neben dem begrenzten Stauraum kann das maximale Zuladungsgewicht ebenfalls ein Platzproblem darstellen.

Um Geschirr sicher zu verstauen, eignen sich Küchenrolle, Spülschwämme oder Trockentücher. Einerseits kann klapperndes Geschirr schnell nerven. Andererseits geht es während der Fahrt leichter zu Bruch. Damit das Geschirr sicher verstaut werden kann, können Sie Küchenrolle verwenden. Entweder reißen Sie die einzelnen Blätter ab oder Sie rollen die Küchenrolle später einfach wieder auf. Damit Weingläser optimal geschützt sind, können Sie eine frisch gewaschene Socke über den Rand der Gläser ziehen.

Kabelsalat kann ein nicht nur beim Camping bekanntes Problem darstellen. In der Regel müssen Sie einzelne Kabel auseinanderknoten, sobald Sie Ihre Kopfhörer, Ladekabel oder Lichterketten verwenden wollen. Ein altbekannter Trick, der sich bei kurzen Kabeln bewährt hat, ist, das Ende des Kabels am Kuli-Halter festzuklemmen. Anschließend umwickeln Sie den Kugelschreiber mit den Kabeln. Möchten Sie bei einem längeren Kabel auf Kabelsalat verzichten, eignet sich eine Küchen- oder Toilettenpapierrolle. Diese schneiden Sie an den Enden dazu jeweils ein bis zwei Zentimeter ein. Das erste Licht der Kette wird an der einen Seite eingeklemmt. Nun wickeln Sie die Lichterkette um die Papprolle. Das letzte Licht der Kette klemmen Sie auf der anderen Seite in den Schlitz. Die Lichterkette ist jetzt knotenfrei verstaut.

Wenn Sie Ihren Kühlschrank befüllen, müssen Sie darauf achten, dass Sie nicht zu viele Einkäufe verstauen. Der Platz im Kühlschrank ist begrenzt. Vorräte, die nicht kühl gelagert werden müssen, lassen sich ebenfalls nur in begrenzter Menge mitnehmen. Wenn Sie dennoch nicht auf das Backen von Stockbrot über dem Lagerfeuer oder auf die Pancakes am Morgen verzichten möchten, bietet es sich an, die Backmischungen zu Hause vorzubereiten. Somit müssen Sie lediglich nasse Zutaten wie Wasser, Milch, Butter oder Eier hinzufügen. Damit Kuchenliebhaber während des Roadtrips auf ihre Kosten kommen, lohnt es sich, zu Hause bereits vorzusorgen. Die meisten Wohnmobile verfügen über keinen Backofen. Somit müssen Sie Ihren Kuchen zu Hause bereits backen. Damit der Kuchen auch nach einigen Tagen noch frisch ist, können Sie ihn in einem Einmachglas backen. Somit wird der Kuchen beim Backen konserviert und kann je nach Bedarf serviert werden.

Für einen extra Stauraum sorgt eine Klemmstange in der Dusche. Diese kann als Kleiderstange fungieren und somit zusätzlichen Platz für Ihre Kleider schaffen. Damit Sie diesen Stauraum allerdings nutzen können, müssen Sie sich auf einem Campingplatz mit guten Sanitäranlagen befinden. Es ist nämlich durchaus nervenaufreibend, wenn Sie immer wieder Ihre Kleidung aus der Dusche entfernen müssen.

Ein klassischer Fehler ist, besonders bei Campinganfängern, zu viel Gepäck mitzunehmen. Meist werden Sie mit Ihrem Camper in den wärmeren Monaten des Jahres die Welt bereisen. Somit kommen Sie mühelos mit der Hälfte der Kleidung aus. Beim Packen sollten Sie stets minimalistisch denken. So sparen Sie Gewicht, Platz und Nerven. Außerdem besteht, zumindest nahezu überall in Europa, die Möglichkeit, Ihre Kleidung zu waschen. In größeren Städten oder teilweise auch auf Campingplätzen können Sie einen Waschsalon finden. Vergessene Kleidung können Sie überdies mühelos nachkaufen.

Damit Sie nicht zu viel Kleidung mitnehmen, ist es hilfreich, diese so zu wählen, dass sie sich untereinander gut kombinieren lässt. Schlichte Basics als Tops, T-Shirts und Sweatshirt und ein paar Jeans dürfen auf keinen Fall fehlen. Je nachdem, zu welcher Jahreszeit und an welchem Ort Sie campen, sollten Sie Wanderschuhe und eine Regen- oder Windjacke ebenfalls nicht vergessen. An frischen Socken und Unterwäsche sollten Sie nicht sparen. Sobald Sie länger als zwei Wochen am Stück unterwegs sind, empfiehlt es sich, unterwegs Ihre Wäsche zu waschen. Andernfalls müssen Sie zu viel Wäsche zum Wechseln mitnehmen.

Nicht nur hinsichtlich der Kleidung, sondern auch der übrigen Utensilien sollten Sie eher minimalistisch denken. Zum Kochen genügen ein oder zwei Töpfe sowie eine Bratpfanne. Denn häufig entscheiden sich Camper eher dafür zu grillen, anstatt auf der Küchenzeile zu kochen. Deshalb sollten Sie unbedingt an eine Grillzange denken. Außerdem sollten Sie nicht zu viel Geschirr mitnehmen. Pro Person genügen ein bis zwei Geschirr- und Bestecksätze. Mehr als zwei Tassen und Gläser werden pro Person ebenfalls nicht benötigt.

Zahlreiche Campingneulinge wollen vorsorgen und für den Ernstfall sämtliche Werkzeuge bei sich haben. Aber auch dies ist in einem Camper nicht möglich. Auf Grund des geringen Stauraums sollten der Schlagbohrer und die Schleifmaschine zu Hause bleiben. Am besten beschränken Sie sich lediglich auf einen Hammer, eine Zange sowie einen Schraubenzieher.

Bevor Sie mit Ihrem Wohnmobil die Reise beginnen, müssen Sie unbedingt darauf achten, dass Sie die Ladung richtig sichern. Eine ordnungsgemäße Beladung und Sicherung ist unerlässlich. Platzieren Sie schwere Dinge am besten ganz unten. Dazu zählen Werkzeug, Vorzelt, Getränkeflaschen, Putzmittel sowie Essensvorräte. Verteilen Sie die Vorräte gleichmäßig um die eigene Achse.

Technische Geräte wie beispielsweise Kamera und Laptop lassen sich am besten in Schubladen verstauen. Nur so ist sichergestellt, dass diese Dinge bei einer stärkeren Bremsung nicht zu Bruch gehen. Für die Utensilien zum Kochen sowie für Bücher eignet sich ebenfalls am besten die Aufbewahrung in Schubladen. Die oberen Staufächer eignen sich für leichte Gegenstände. In ihnen lässt sich besonders gut Kleidung, Handtücher oder Bettwäsche verstauen. Auch Campinggeschirr, Küchenrolle, Müllbeutel oder andere nützliche Utensilien finden hier ihren Platz. Wenn Ihr Fahrzeug über eine Box auf dem Dach verfügt, können Sie auch relativ leichte Gegenstände dort transportieren.

Vor der Abfahrt sollten Sie kontrollieren, ob die schweren Gegenstände im Inneren Ihres Fahrzeugs sicher befestigt sind. Spanngurte können dabei helfen. Sofern Sie Surfbretter oder Fahrräder außen am Fahrzeug transportieren, müssen Sie diese besonders gut befestigen, damit Sie nicht während der Fahrt eine böse Überraschung erleben. Beim Thema Ladungssicherung dürfen Sie keinesfalls die Fliehkraft unterschätzen. Deshalb sollten Sie selbst kleine Dinge verstauen und auf gar keinen Fall ein Fahrrad ungesichert im Inneren Ihres Campers transportieren. Für die Sicherung von Fahrrädern oder Dingen, die außen am Fahrzeug befestigt sind, können Sie entweder die Sicherungen nutzen, die an den Trägern vorhanden sind, oder noch einen zusätzlichen Gurt verwenden. So ist ein optimaler Halt gewährleistet.

Sofern Sie nicht mit einem Wohnmobil, sondern mit einem Wohnwagen unterwegs sind, sollten Sie das Thema Beladung nicht auf die leichte Schulter nehmen. Nicht selten haben Campingneulinge auf Grund falscher Beladung Schlingerfahrten oder aber auch schwere Unfälle erlebt. Die Fahrt mit einem Gespann stellt keine besondere Schwierigkeit dar. Sie ist ganz entspannt zu bewältigen. Wichtig ist, dass Sie sich einige Sicherheitsaspekte zu Herzen nehmen. Eine korrekte Beladung ist enorm wichtig, da andernfalls erhebliche Sicherheitsrisiken auftauchen können. Die richtige Beladung sowie eine vorausschauende Fahrweise sorgen für mehr Sicherheit. Ein elektronisches Sicherheitssystem oder eine Antischlingerkupplung wirken gefährlichen Situationen entgegen.

Beim elektronischen Sicherheitssystem handelt es sich um ein sehr wirkungsvolles Anti-Schleuder-System für Wohnanhänger. Bei diesem System sind die Radbremsen mit einem Sensor ausgestattet. Dieser Sensor erkennt eine zu hohe Geschwindigkeit sowie ein Aufschaukeln des Wohnanhängers. Innerhalb von Sekundenbruchteilen sorgt das elektronische Sicherheitssystem für ein sanftes Abbremsen. Der Vorteil dieses Sicherheitssystems ist, dass Sie das Gespann in den überwiegenden Gefahrensituationen unter Kontrolle behalten.

Die Antischlingerkupplung ist auch als Kugelkupplung mit Schlingerdämpfung oder Zugkugelkupplung mit Stabilisierungshilfe bekannt. Sie sorgt für ein besseres Fahrverhalten des Wohnwagens. Die Antischlingerkupplung wird an der einen Seite an der Deichsel des Wohnwagens befestigt und an der anderen Seite mit der Anhängerkupplung des Pkws verbunden. Die Antischlingerkupplung soll bei höheren Geschwindigkeiten das Pendeln oder Schlingern des Wohnanhängers verhindern. Sie verhindert Schaukelbewegungen sowie ein seitliches Ausbrechen des Wohnanhängers.

Wenn Sie sich einen neuen Wohnanhänger zulegen, ist dieser in der Regel mit einer Antischlingerkupplung werksmäßig ausgestattet. Bei einem älteren Modell können Sie diese problemlos nachrüsten. Jedoch sollten Sie beachten, dass Sie die vorgeschriebenen

Mindestgeschwindigkeiten von 80 bzw. 100 km/h nicht überschreiten. Bei Wohnmobilen und Wohnanhängern sollten Sie neben dem richtigen Verstauen des Gepäcks darauf achten, dass Sie die zulässige Gesamtmasse oder die Stützlast nicht überschreiten. Damit es erst gar nicht zu Problemen kommt, können Sie die Ladung optimieren und somit leichter reisen. Wenn Sie eine Gasflasche mit sich führen, lohnt es sich, Stahlflaschen durch Alugasflaschen zu ersetzen. Eine 11-kg-Aluflasche verfügt über ein leichteres Gewicht als die Hälfte einer Stahlflasche mit der gleichen Größe. Beim Wasser lässt sich ebenfalls Gewicht sparen.

Beim Frisch- und Toilettenwasser können Sie ebenfalls rund 20 bis 30 Kilogramm Gewicht sparen. Sofern Sie täglich die Möglichkeit haben, die Wassertanks aufzufüllen, genügt es, eine kleine Notfallration mit sich zu führen. Das Gleiche gilt für die Toilettenkassette. Ein regelmäßiges Leeren spart zahlreiche Kilo Gewicht. Bei den Kochtöpfen sollten Sie auf Gusseisen verzichten und Edelstahl verwenden. Und auch Konserven sind besser zu Hause aufgehoben statt im Wohnmobil. Konservendosen und Glasbehälter schlagen mit einem erheblichen Gewicht zu Buche. Das Gleiche gilt für die Werkzeugkiste. Hier bietet es sich an, auf eine Kunststoffkiste zurückzugreifen. Diese ist häufig langlebig und leicht. Außerdem empfiehlt es sich, die Auswahl Ihres Werkzeugs einzuschränken und nur notwendige Werkzeuge mit zu führen.

Je nachdem, wie komfortabel Sie reisen möchten, können Sie auch hier an der Ausstattung des Wohnmobils oder Wohnwagens sparen. Bevor Sie von der Standardausstattung abweichen, sollten Sie die Notwendigkeit prüfen. Hierzu kalkulieren Sie zunächst das Gewicht sowie die verbleibende Zuladung. Nun können Sie entscheiden, ob diese zusätzlichen Features sich dennoch lohnen. Eine Klimaanlage wiegt etwa 25 bis 40 Kilogramm. Die Bordbatterie bringt 20 bis 30 Kilogramm auf die Waage und die Markise rund 20 Kilogramm. Wer einen Fernseher mit Sat-Antenne mit sich führt, sollte mit 15 bis 35 Kilogramm rechnen.

Eine Überladung wirkt sich einerseits negativ auf das Fahrverhalten des Fahrzeugs aus. Andererseits droht eine Strafe. Die Bußgelder für eine Überladung liegen in Deutschland bei etwa 235 Euro. In den Nachbarländern sind diese keineswegs derartig überschaubar. Während Sie in Italien bei einer Überladung mit 1.600 Euro belangt werden, liegt die Geldbuße in Tschechien und Österreich bei etwa 2.000 Euro. Während eine Geldstrafe häufig zwar ärgerlich ist, werden Camper von einer weiteren Regelung durchaus härter getroffen. In der Regel ist es nicht gestattet, bei Überladung die Fahrt fortzusetzen. Je nachdem, wie hoch die Überladung ist, kann dies zum Problem werden. Bei einer geringen Überladung genügt es, Wasser abzulassen. Die meisten Camper möchten ungern ihr Hab und Gut an Ort und Stelle ausladen.

Zahlreiche Camper fragen sich, wie sie nun ihren Wohnwagen oder ihr Wohnmobil wiegen können. Besonders Anfänger sollten auf eine Schätzung verzichten. Um die Stützlast zu prüfen, bieten Campingausstatter das passende Zubehör. In diesen speziellen Stützrädern ist eine mechanische Waage integriert. Allerdings können Sie auch eine handelsübliche Personenwaage verwenden. Dazu stecken Sie unter das Kupplungsmaul des Anhängers eine Holzleiste der Höhe nach. Die Holzleiste setzen Sie nun auf die Waage auf.

Die Achslast lässt sich mit einer speziellen tragbaren Waage kontrollieren, die unter die Reifen gelegt wird. Diese Waage lässt sich im Campingfachhandel erwerben. Campingneulinge sollten auf eine offizielle Lkw-Waage zurückgreifen. Diese ist häufig in Kieswerken, beim TÜV, der DEKRA, auf Recyclinghöfen sowie an Raiffeisenmärkten zu finden. Die Waage liefert ein professionelles Ergebnis und die Nutzung ist meistens kostenlos.

Ein wichtiger Punkt neben der Ladungssicherung ist das richtige Packen. Kaum eine Sache kann ärgerlicher sein als die falsche Reihenfolge. Nicht nur zu viel Gepäck mitnehmen, sondern auch das Packen in falscher Reihenfolge ist ein No Go. Bevor Sie Ihr Wohnmobil packen, sollten Sie sich überlegen, welche Arbeitsabläufe beim Ein- und Auspacken getätigt werden. Hierfür ist eine logische Reihenfolge festzulegen. Gegenstände, die Sie selten benutzen, können weiter unten oder hinten aufbewahrt werden. Die Campingstühle sollten Sie also nicht unter den Schneeketten verstauen, wenn Sie häufig Ihren Standort wechseln. Und auch die Wohnwagenstützen sollten Sie nicht unbedingt hinter dem Grill, Werkzeug oder Vorzeit platzieren. Die Gegenstände, die Sie am häufigsten nutzen, sollten Sie immer so platzieren, dass Sie diese schnell zur Hand haben.

Vor Fahrtantritt müssen Sie zwingend darauf achten, dass Sie jegliche Fächer und Türen ordnungsgemäß verriegeln. Nicht nur Campingneulinge stoßen gelegentlich auf das Problem, dass sie in aller Eile aufbrechen und vergessen, die Türen oder Fächer zu kontrollieren. Nichts ist ärgerlicher und nerviger, wenn während der Fahrt auf einer unebenen Straße Gläser, Geschirr oder der Laptop durch das Fahrzeug fliegen. Neben zerbrochenem Geschirr ist es außerdem äußerst ärgerlich, wenn der Kühlschrank nicht richtig verriegelt ist und die Tür auffliegt. So können Sie nach einer Kurvenfahrt die Lebensmittel vom Boden zusammenklauben sowie Milch, Joghurt und Sahne vom Boden und den Wänden aufwischen.

Aus diesem Grund sollten Sie unbedingt vor der Abfahrt kontrollieren, ob alle Fächer und Türen verriegelt sind. Das Gleiche gilt für die Herdabdeckung. Diese kann bei einer Kurvenfahrt durch das Zusammenklappen beschädigt werden. Häufig befindet sich allerdings auf dem Herd noch ein Wasserkessel. Dieser wird vermutlich ebenfalls zu Bruch gehen oder zumindest umgestoßen. Achten Sie somit immer unbedingt darauf, dass Sie die Spüle sowie die Herdabdeckung immer ordnungsgemäß verschließen. Damit das Glas beim Schließen nicht springt, sollte der Herd unbedingt kalt sein.

Neben einem ordnungsgemäßen Verstauen von Gegenständen ist es ebenfalls nicht unwichtig, darauf zu achten, dass die Fenster und Dachluken vor Fahrtantritt geschlossen werden. Offene Fenster verursachen während der Fahrt einerseits unangenehme Geräusche. Andererseits kann besonders die Dachluke schnell beschädigt werden. Sobald Sie dicht unter einem Baum langfahren, wird die Dachluke von herabhängenden Ästen getroffen. Bei hohen Geschwindigkeiten, wie sie auf Autobahnen gefahren werden, kann die Dachluke möglicherweise abgerissen werden. Nicht selten haben derartige Szenarien auch andere Autos in Mitleidenschaft gezogen. Um dies zu vermeiden, sollten Sie die Fenster und Dachluken nicht nur verschließen, sondern auch verriegeln.

DIE PERFEKTE ROUTE PLANEN

Bevor Sie Ihren Roadtrip beginnen, ist zunächst die Bestimmung eines konkreten Reiseziels erforderlich. Besonders in Zeiten von Corona sollten Sie sich über die Einreisebestimmungen im Urlaubsland informieren. Nachdem Sie Ihr konkretes Urlaubsziel festgelegt haben, kann die weitere Planung erfolgen. Planen Sie eine Rundreise oder bevorzugen Sie lieber einen festen Stellplatz? Soll die Reise innerhalb Europas stattfinden oder verschlägt es Sie an ein Fernreiseziel?

Der Reisezeitraum sollte ebenfalls festgelegt werden. Bei einem Fernreiseziel müssen Sie eine längere Vorlaufzeit einplanen. Wenn Sie früher einen Stellplatz auf einem Campingplatz buchen, sparen Sie in der Regel wie bei einem Hotelaufenthalt Geld. Überdies bleibt Ihnen somit mehr Zeit für die Planung Ihres Roadtrips.

Bei der Wahl der Reisezeit sollten Sie bestimmte Faktoren beachten. Falls Sie kinderlos reisen und flexibel sind, lohnt sich eher eine Tour außerhalb der Ferien. Zu dieser Zeit sind die Straßen und Campingplätze leer. Bei Sehenswürdigkeiten und an den Stränden herrscht ebenfalls weniger Andrang. Deshalb sollten Sie sich darüber informieren, wann in Ihrem gewünschten Reiseland Ferien oder Feiertage sind.

Je nachdem, wohin Sie reisen möchten, sollten Sie sich über die klimatischen Bedingungen informieren. In der Sommerzeit herrschen in den Wüsten sehr heiße Temperaturen. Für zahlreiche deutsche Urlauber ist das heiße Klima in den afrikanischen Ländern nur schwer zu verkraften. Für eine Tour durch die Wüste eignen sich deshalb die Sommermonate weniger. Die Wintermonate hingegen sind für eine Tour durch die Rocky Mountains eher ungeeignet. Denn hier sind zahlreiche Straßen gesperrt und somit nicht zugänglich.

Erfahrene Camper treibt es häufig nach Australien oder Neuseeland. Diese Länder liegen auf der Südhalbkugel in Ozeanien. Dies bedeutet, dass dort Winter herrscht, wenn bei uns in Europa Sommer ist. Für die meisten Länger in Südafrika sowie Südamerika gilt dasselbe.

Sobald Sie sich für das entsprechende Urlaubsland und die Dauer entschieden haben, können Sie sich auf die Suche nach einem passenden Fahrzeug begeben. Der Trend zum Mieten eines Gefährts hat in den vergangenen Jahren stark zugenommen. Wenn Sie sich für das Mieten eines Wohnmobils entscheiden, lohnt es sich, so früh wie möglich zu buchen. Nur so können Sie von den Frühbucherrabatten profitieren.

Bei der Wahl des Wohnmobils sollten Sie bedenken, dass Wohnmobil nicht gleich Wohnmobil ist. Neben dem kompakten Kastenwagen gibt es noch das klassische Alkoven-Fahrzeug. Um das richtige Fahrzeug zu mieten, überlegen Sie am besten im Vorfeld, wie viel Platz Sie benötigen. Die größeren Wohnmobile sind in der Regel mit einer Küche und integriertem Kühlschrank, einer Nasszelle mit inkludierter Dusche und WC ausgestattet. Entscheiden Sie sich für einen Campervan, müssen Sie hier gegebenenfalls hinsichtlich Dusche und WC Abstriche machen. Auch die Kochmöglichkeiten sind nur eingeschränkt verfügbar. Der Grund dafür ist, dass ein Campervan weniger Platz bietet als ein Wohnmobil.

Je nachdem, welche Reiseroute Sie gewählt haben, sollten Sie Ihr Fahrzeug anpassen. Wenn Sie häufig Bergengpässe und Städte befahren möchten, bietet sich hierzu ein kleines Fahrzeug an. Für eine Rundreise durch die USA können Sie beruhigt ein größeres Gefährt wählen, da sie nahezu ausschließlich auf breiten Straßen unterwegs sein werden. Ein Wohnmobil mit Allrad-Antrieb ist ein Muss für diejenigen, die gerne auch mal asphaltierte Straßen verlassen.

Wenn Sie nun Ihre Route planen, ist es wichtig, eine feste Strecke abzustecken, aber trotzdem flexibel zu sein. Am besten legen Sie hierzu eine grobe Route fest. Spontanität und Flexibilität gehören schließlich zu einer Wohnmobiltour. Die Route sollten Sie nicht zu knapp planen. Denn falls Ihnen während Ihrer Fahrt spontan ein schönes Fleckchen auffällt, sollten Sie noch ein wenig Spielraum für einen Zwischenstopp haben. Wenn Sie keine Maut zahlen möchten, müssen Sie Ihre Route ohnehin davon abhängig machen, auf welchen Straßen Maut fällig wird.

Überdies müssen Sie aufpassen, dass Sie sich bei den Tagesetappen nicht verzetteln. Planen Sie maximal 200 Kilometer Fahrtstrecke pro Tag ein. Andernfalls werden Sie abends müde und unausgeruht am Campingplatz ankommen. Bei etwa 200 Kilometern pro Tag legen Sie eine gute Strecke zurück, müssen aber nicht den ganzen Tag fahrend im Wohnmobil verbringen. Gerade bei einer Reise mit Kindern ist es wichtig, ausreichende Pausen einzuplanen. So können sich die Kinder unterwegs austoben, was für die Eltern und Kinder angenehmer ist.

Die Wahl des passenden Campingplatzes hängt davon ab, welche Ansprüche Sie haben. Ein Weltenbummler campt am liebsten in absoluter Wildnis fernab der Zivilisation. Andere Camper hingegen möchten lieber auf einem perfekt ausgestatteten Campingplatz Rast machen. Mittlerweile bieten zahlreiche Campingplätze eine sehr luxuriöse

Ausstattung. Der Aufenthalt auf diesen Plätzen gleicht dem Aufenthalt in einem luxuriösen Hotel. Derartige Campingplätze bieten einige Restaurants, einen Pool sowie ein Animationsprogramm für Kinder. Die Auswahl an Campingplätzen mit verschiedener Ausstattung ist enorm groß. Somit kommt jeder auf seine Kosten. Für welchen Campingplatz Sie sich nun entscheiden, hängt einerseits von Ihren individuellen Bedürfnissen ab und andererseits von dem Wohnmobil, mit dem Sie unterwegs sind. Sofern Sie mit einem komfortablen Wohnmobil unterwegs sind, das über eine Nasszelle sowie eine Küche verfügt, müssen Sie nicht zwangsläufig auf die Duschen auf dem Campingplatz zurückgreifen. Des Weiteren benötigen Sie weder ein Restaurant noch eine Kochmöglichkeit auf dem Platz. Bevor Sie sich für einen Campingplatz entscheiden, lohnt es sich, die Bewertungen bei Google zu lesen. Hier erhalten Sie Aufschluss darüber, ob der Stellplatz mit Stromanschlüssen versehen ist, Sie Ihr Abwasser entsorgen können oder ob die Sanitäranlagen in einem sauberen Zustand waren.

Unerfahrene Camper sind sich oft unsicher, ob sie im Vorfeld einen Campingplatz vorbuchen sollen. Wenn nicht gerade im gewünschten Urlaubsland Hochsaison herrscht, werden Sie auch spontan fündig. Mithin ist es nicht zwangsläufig notwendig, einen Stellplatz zu reservieren. Reservierte Stellplätze sind zwar positiv, da Sie so ein Lager für die Nacht garantiert haben. Allerdings werden Sie dadurch in Ihrer Spontanität und Flexibilität eingeschränkt. Eine Buchung vorab ist nur zu empfehlen, wenn Sie beispielsweise in einem Nationalpark zur Hochsaison Urlaub machen möchten.

Wenn es dann tatsächlich losgeht, sollten Sie sich etwa eine Woche vor Beginn der Reise noch einmal über die Verkehrsbedingungen am Urlaubsziel informieren. Dies ist jedoch nur notwendig, wenn Sie nicht ins deutschsprachige Ausland fahren. Da in Großbritannien sowie in Australien Linksverkehr herrscht, sollten sich Sie in diesen Ländern nur ausgeruht ans Steuer setzen. An diesen Umstand muss man sich nämlich erst einmal gewöhnen. Weiterhin sollten Sie sich darüber informieren, welche Regeln Sie hinsichtlich Freistehen, Parken sowie Wildcampen beachten müssen. Um einen passenden Stellplatz zu finden, lohnt es sich, den App Store zu durchstöbern. Hier finden Sie zahlreiche Apps, die das Leben während eines Roadtrips leichter machen. Damit Sie Ihr Datenvolumen schonen und die App auch ohne Empfang nutzen können, sollte die App offline ebenfalls funktionieren. Suchen Sie zunächst nach kostenlosen Apps. Denn Camper sind in der Regel hilfsbereit und teilen ihr Wissen gerne.

Deshalb finden Sie in zahlreichen kostenlosen Apps Bewertungen sowie Stellplatz-Tipps. Außerdem informieren diese Apps darüber, wo sich die nächste Tankstelle, der nächste Geldautomat oder diverse öffentliche Einrichtungen in Ihrer Nähe befinden.

Unterwegs

Sobald Sie mit dem Wohnmobil unterwegs sind, können Sie sich entspannt zurücklehnen. Der Blick schweift über die Landschaft und Sie hängen Ihren Gedanken nach. Dies ist die ideale Vorstellung der meisten Camper. Die Realität sieht jedoch häufig anders aus. Denn die Teilnahme am Straßenverkehr kann teilweise durchaus anstrengend sein. Damit die Fahrt für Sie möglichst stressfrei und entspannt verläuft, sollten Sie einige Dinge beherzigen und auf ein partnerschaftliches Miteinander, und das nicht nur unter Campern, setzen. Hinsichtlich der Vignetten- und Mautbestimmungen im Ausland gibt es ebenfalls einiges zu beachten. Diese Regeln sollten Sie beherzigen, damit Ihnen im Ausland kein Fauxpas passiert. Dieser kann nämlich teuer enden.

TEILNAHME AM STRAẞENVERKEHR

Da in Deutschland und Europa das Camping aktuell boomt wie noch nie, befinden sich eine Vielzahl von Campern auf den Straßen. Diese treffen nach relativ kurzer Zeit auf zahlreiche Lkw-Fahrer, da der Güterverkehr ebenfalls immer weiter ausgebaut wird. Die Lkw-Fahrer sind in ihrer Zeitplanung nicht so flexibel wie die Camper. Sie müssen sich an Pausenzeiten halten, die vorgegeben sind. In den Mittags- oder Abendstunden sind die Lkw-Rastplätze häufig überfüllt. Für Sie als Camper bedeutet dies, dass Sie darauf achten sollten, die Lkw-Parkplätze frei zu halten.

Besser nutzen Sie die Parkbuchten auf den Pkw-Parkplätzen. Falls ein anderer Camper bereits einen Lkw-Parkplatz belegt hat, bietet es sich an, mit Ihrem Wohnwagen dahinter zu parken. Finden Sie keine andere Parkmöglichkeit finden, sollten Sie in der Lkw-Spur so weit es geht vorne parken. So findet hinter Ihnen möglicherweise ein Mini-Lkw oder ein anderer Camper Platz. Des Weiteren sollten Sie sich während der Fahrt partnerschaftlich verhalten. Bei stockendem Verkehr im Bereich einer Baustelle ist es besser, den rechten Fahrstreifen einzuhalten. Bis zur Baustelle an den Lkws vorbeizuziehen, ist nicht besonders partnerschaftlich. Außerdem ist der linke Fahrstreifen innerhalb einer Baustelle meistens schmaler als der rechte Fahrstreifen. Ein Wohnmobil oder Wohnwagen findet hier nicht ausreichend Platz. Wenn Sie also direkt vor der Baustelle die Fahrspur wechseln, werden Sie auch für die übrigen Verkehrsteilnehmer zu einem Hindernis.

Wenn Ihr Camping-Fahrzeug eine zulässige Gesamtmasse von 3,5 Tonnen nicht überschreitet, ist es vom Überholverbot für Lkws ausgeschlossen. Allerdings sollten Sie Ihre Fahrweise dem übrigen Verkehrsfluss anpassen. Dies bedeutet, dass Sie nicht direkt vor einem Berg zum Überholen ansetzen sollten. Bei einem älteren und verhältnismäßig langsamen Fahrzeug laufen Sie Gefahr, schwerer von der Stelle zu kommen. Mit dieser Fahrweise bremsen Sie die Lkw hinter sich aus und werden zum Verkehrshindernis.

Beim Fahren auf einer Autobahn sollten Sie daran denken, dass der linke Fahrstreifen ebenfalls tabu ist. Außerhalb geschlossener Ortschaften dürfen Kraftfahrzeuge mit Anhänger oder Kraftfahrzeuge mit einer zulässigen Gesamtmasse von über 3,5 Tonnen den linken Fahrstreifen nur dann befahren, wenn sie links abbiegen müssen.

Mit einem Wohnmobil oder Wohnwagen dürfen Sie innerhalb geschlossener Ortschaften wie die übrigen Verkehrsteilnehmer eine zulässige Höchstgeschwindigkeit von 50 km/h nicht überschreiten. Wohnmobile mit einer zulässigen Gesamtmasse bis 3,5 Tonnen dürfen außerhalb geschlossener Ortschaften maximal 100 km/h fahren. Diese Geschwindigkeitsbegrenzung gilt nicht auf Autobahnen oder Straßen, die über getrennte Fahrbahnen verfügen. Weist Ihr Wohnmobil eine zulässige

Gesamtmasse von 3,5 bis 7,5 Tonnen aus, dürfen Sie außerhalb gesch-los–sener Ortschaften maximal eine Geschwindigkeit von 80 km/h fahren. Auf Autobahnen gilt eine zulässige Höchstgeschwindigkeit von 100 km/h. Sind Sie mit einem Wohnanhänger unterwegs, ist Ihre zulässige Höchstgeschwindigkeit außerhalb geschlossener Ortschaften auf 80 km/h begrenzt. Wenn Sie eine Zulassung für 100 km/h haben, ist Ihr Wohnanhänger mit einem entsprechenden Aufkleber gekennzeichnet. Dies bedeutet, dass Sie auf Autobahnen und außerhalb geschlossener Ortschaften maximal 100 km/h fahren dürfen.

Im Ausland dürfen Sie theoretisch schneller als 100 km/h fahren, jedoch sind die meisten Wohnwägen bauartbedingt auf 100 km/h begrenzt.

Bei zahlreichen Wohnwagenbesitzern kann man beobachten, dass das Zugfahrzeug mit zusätzlichen Außenspiegeln ausgestattet ist. Die Straßenverkehrsordnung gibt dies vor, sobald der Wohnanhänger breiter ist als das Zugfahrzeug. Denn nur so ist der Fahrzeugführer in der Lage, die wesentlichen Verkehrsvorgänge zu beachten. Die Faustregel lautet, dass Sie mit Ihrem Gespann die hinteren Kanten Ihres Wohnwagens sehen können sollten.

Diejenigen, die ein eigenes Wohnmobil besitzen, haben das Wohnmobil in der Regel mit einem Saisonkennzeichen zugelassen. Denn in den Wintermonaten ist es häufig zu kalt zum Campen. Um das Gefährt sicher abzustellen, lohnt sich eine Garage. Alternativ muss auf dem Privatgrundstück ausreichend Platz vorhanden sein. Sie sollten keinesfalls Ihr abgemeldetes Kraftfahrzeug im öffentlichen Verkehrsraum abstellen. Dieser ist lediglich angemeldeten Kraftfahrzeugen vorbehalten. Das Parken ist somit im abgemeldeten Zustand ebenfalls untersagt. Das Überwintern sollte zwingend auf dem Privatgrundstück stattfinden.

Wenn Ihr Wohnmobil oder Ihr Wohnwagen angemeldet ist, dürfen

Sie grundsätzlich überall parken, wo die Parkflächen nicht durch ein absolutes Halteverbot gekennzeichnet sind. Jedoch sollten Sie beachten, dass Ihr Wohnwagen nicht über die Linienmarkierungen herausragen darf. Einen abgekoppelten Wohnwagen dürfen Sie nicht länger als zwei Wochen am Fahrbahnrand abstellen. Wohnmobile sowie angekoppelte Gespanne sind von dieser Regelung ausgenommen.

Vignetten- und Mautbestimmungen

Während in Deutschland bereits seit Jahren über eine Pkw-Maut diskutiert wird, sind die umliegenden Länder entscheidungsfreudiger. In nahezu allen europäischen Ländern sind Pkw sowie Wohnmobile mautpflichtig. Die Mautsysteme unterscheiden sich in den europäischen Ländern. Die Bandbreite ist sehr groß. Von elektronisch erhobener Maut bis zu Zahlstellen und Vignetten sind alle Möglichkeiten zu finden. Die Länder differenzieren nach dem zulässigen Gesamtgewicht.

Wenn Sie in die Schweiz reisen, benötigen Sie mit einem Wohnmobil bis 3,5 Tonnen zulässige Gesamtmasse eine Jahresvignette. Wohnmobile mit einem Gewicht von 3,5 Tonnen unterliegen der Verpflichtung, eine Schwerverkehrsabgabe für den reinen Aufenthalt zu entrichten. Diese kann für zehn Einzeltage, die frei wählbar sind, innerhalb eines Jahres entrichtet werden. Diese Option lohnt sich, wenn Sie die Schweiz lediglich durchqueren möchten. Den Zahlungsnachweis erhalten Sie bei der Einreise am Schweizer Zollamt. Er ist nicht übertragbar.

Elektronische Bezahlsysteme sollen die Mautabwicklung vereinfachen. In Ländern wie beispielsweise Spanien, Italien oder Frankreich wird die Straßengebühr nach tatsächlich anfallenden Kilometern berechnet. Sie ist per elektronischer Mautbox, bar oder mit Karte zu entrichten.

Portugal handhabt die Erhebung der Maut ein wenig anders. Hier dürfen Sie sich zwischen zwei Mautstellen maximal zwölf Stunden aufhalten. Sobald Sie sich länger dort aufhalten, müssen Sie die längsmögliche Strecke bis zur Zahlstelle zahlen. Die Gebühren werden mithilfe eines elektronischen Systems oder bar erhoben. Bei einer Mautbox handelt es sich um ein kleines Gerät, das die Größe einer Streichholzschachtel aufweist. Sie wird an der Innenseite der Windschutzscheibe angebracht. Die Box müssen Sie im Vorfeld online oder direkt beim Kauf registrieren. Neben dem Gewicht sind die Gesamtlänge, Höhe oder Achsenzahl maßgeblich für die Höhe der Maut. In den verschiedenen Ländern ist die Grundlage für die Bemautung sehr unterschiedlich. Deshalb sollten Sie sich vor der Reise in das jeweilige Zielland darüber informieren.

Wenn Ihr Fahrzeug mit einer Mautbox ausgestattet ist, können Sie die Mautstation passieren, ohne anhalten zu müssen. In Italien sind beispielsweise manche Spuren speziell für Mautboxnutzer reserviert. In der verkehrsintensiven Hauptreisesaison bedeutet dies eine große Zeitersparnis. Denn vor der Mautstation entsteht häufig ein Stau. Für die Praxis bedeutet dies, dass Sie mit einem Wohnmobil, das mit einer Mautbox ausgestattet ist, die speziell gekennzeichneten Durchgänge ansteuern können. So können Sie auf dieser Fahrspur die Mautstelle bequem passieren, ohne anzuhalten.

Falls Sie partout keine Maut zahlen möchten, können Sie auch ohne diese Abgabe in Europa unterwegs sein. Die meisten Reiseziele sind ohne Maut erreichbar, jedoch ist die Fahrzeit um einiges länger.

Wissenswertes rund um das Fahrzeug

Für Campingneulinge ist das Thema Wohnmobil häufig ein Buch mit sieben Siegeln. Anfangs denken viele Reiselustige, dass sie sich ein Wohnmobil mieten, direkt einsteigen und losfahren können. Die gängige Praxis sieht allerdings ein wenig anders aus. Beim Mieten eines Campers gibt es einiges zu beachten. Auch im Umgang mit dem Fahrzeug kann es nützlich sein, wenn Sie den einen oder anderen Trick kennen. Entscheidend für eine reibungslose Reise ist, dass Sie sich zu Beginn mit dem Fahrzeug auseinandersetzen.

Hier beginnt die Krux nicht erst beim Losfahren, sondern dabei, einen passenden Camper zu mieten. Außerdem bedarf Ihr mobiles Zuhause einiges an Pflege und Wartung. Nicht nur vor dem Überwintern oder wenn Sie in die neue Saison starten wollen, gibt es einige Dinge zu beachten. Auch während der Saison sollten Sie sich Ihrem Gefährt widmen und ihm die eine oder andere Pflege gönnen.

CAMPER MIETEN

Der Trend, einen Roadtrip durch Deutschland oder sogar durch Europa zu unternehmen, hat gerade in den letzten Jahren stark zugenommen. Nicht nur junge, sondern auch ältere Menschen haben am Campingurlaub Gefallen gefunden. Mit einem Roadtrip assoziieren die meisten Menschen das Gefühl von ultimativer Freiheit. Doch diejenigen, die noch nie zuvor Urlaub mit einem Camper gemacht haben, sollten bei der Wahl des Gefährts einiges beachten. In der Regel schaffen sich Neulinge nicht direkt einen eigenen Camper an. Die Wahl fällt zunächst vermehrt auf ein Mietobjekt.

Für viele Neulinge birgt das bereits die erste Hürde. Denn schließlich muss das passende Mietobjekt gefunden werden. Der Markt bietet zahlreiche Plattformen, auf denen Sie einen Camper mieten können. Wichtig ist, dass Sie den Unterschied dieser Plattformen kennen.

Auf professionellen Plattformen sind ausschließlich gewerbliche Anbieter zu finden, die dort verglichen werden. Wenn Sie sich für einen Camper entscheiden, der auf dieser Plattform angeboten wird, sind Sie Kunde einer professionellen Vermietung. Hier können Sie mit wenigen Klicks die Zusatzausstattung sowie die Versicherungsoptionen wählen. Außerdem ist es ebenfalls möglich, das Fahrzeug an einem anderen Ort zurückzugeben, als Sie es in Empfang genommen haben.

Neben professionellen Plattformen können Sie auf Sharing Plattformen ebenfalls einen Camper mieten. Allerdings bieten hier Privatpersonen ihr Fahrzeug an, wenn sie gerade selbst nicht damit unterwegs sind. Auf einer Sharing Plattform werden die Camper zu deutlich günstigeren Preisen angeboten als bei einer gewerblichen Vermietung. Ein weiterer Vorteil liegt darin, dass nützliche Gegenstände wie Kochutensilien oder Campingstühle bereits im Camper vorhanden sind. Nachteilig kann sich auswirken, dass Sie keine zusätzlichen Versicherungen abschließen können. Überdies müssen Sie den Camper auch immer wieder dort zurückgeben, wo Sie ihn abgeholt haben.

Ob Sie sich für eine gewerbliche Vermietung oder eine Sharing Plattform entscheiden, ist in der Regel eine Frage des Budgets.

Wenn Sie sich dazu entschieden haben, einen Camper zu mieten, lohnt es sich, für die Übernahme und Rückgabe ausreichend Zeit einzuplanen. Nehmen Sie das Fahrzeug kritisch in Augenschein, denn nur so können Sie eventuelle spätere Forderungen des Anbieters vermeiden. Prüfen Sie am besten den Zustand des Fahrzeugs. Dazu sehen Sie sich ihn von allen Seiten an. Schauen Sie, ob sie vorhandene Schäden erkennen. Sehen Sie Kratzer oder Beulen?

Lassen sich die Türen vorschriftsmäßig schließen? Ist der Tankdeckel frei von Schäden? Falls Sie einen Mangel entdecken, weisen Sie den Vermieter unbedingt darauf hin. Vor Reiseantritt sollten Sie diese Schäden unbedingt beseitigen lassen. Zur Sicherheit empfiehlt es sich, mit dem Smartphone Fotos zu machen.

Als Nächstes nehmen Sie den Innenraum in Augenschein. Prüfen Sie, ob die gebuchte Zusatzausstattung vorhanden und funktionsfähig ist. Überdies sollte der Innenraum sauber sein. Damit Sie unterwegs alle Funktionen des Campers nutzen können, sollten Sie sich im Vorfeld vom Anbieter die wichtigen Dinge erklären lassen. Scheuen Sie sich nicht davor, Fragen zu stellen. Der Anbieter erklärt Ihnen sicher gerne, wie Sie das Abwasser entleeren oder die Sitzbank umklappen. Die gefundenen Schäden oder Makel sollten in jedem Fall gemeinsam protokolliert werden. Von diesem Protokoll sollten Sie sich eine Kopie aushändigen lassen, damit Sie bei der Rückgabe keine Schwierigkeiten bekommen.

Falls Sie eine Reise ins europäische Ausland planen, sollten Sie dies unbedingt beim Anbieter erwähnen. Denn nicht jeder Anbieter gestattet seinen Kunden eine Reise ins Ausland. Denn einige Anbieter haben Einschränkungen hinsichtlich der Reise ins Ausland. Sofern der Weg zum Reiseziel im Ausland nicht unbedingt das Ziel ist, überlegen Sie sich, ob es nicht Sinn macht, das Wohnmobil erst im Ausland zu mieten. Die Anreise kann so individuell erfolgen. Häufig sind die gefahrenen Kilometer nicht in der Miete inkludiert und müssen per Aufpreis gezahlt werden. Die zusätzlichen Kosten summieren sich somit sehr schnell.

Hinsichtlich der Ausstattung des Campers lohnt es sich ebenfalls, sich bei verschiedenen Anbietern zu informieren. Denn diese unterscheidet sich von Anbieter zu Anbieter. Bei jedem Anbieter ist es jedoch möglich, eine zusätzliche Ausstattung zu mieten. Die

Verbrauchsgegenstände sind in der Regel im Preis inkludiert. Ein voller Benzin-, Frischwasser- sowie Gastank zählen zu den Verbrauchsgegenständen.

Kochutensilien, frische Bettwäsche oder Campingstühle sind meist nicht im Preis inkludiert. Jedoch können Sie diese als zusätzliche Ausstattung dazu buchen. Da dies den Preis in die Höhe treibt, sollten Sie sich überlegen, ob Sie nicht lieber Ihre eigenen Sachen verwenden.

Für das Mieten eines Fahrzeugs fällt in der Regel nicht nur die Miete, sondern auch eine Kaution an. Die Höhe der Kaution hängt vom Fahrzeugtyp ab. Sie wird im Mietvertrag festgehalten. In den meisten Fällen können Sie die Kaution unproblematisch mit der Kreditkarte hinterlegen. Der Betrag wird vom Händler entweder abgebucht oder das Guthaben wird auf der Karte geblockt. Deshalb müssen Sie darauf achten, dass Ihr Kreditrahmen ausreichend ist. Nach der Rückgabe des Fahrzeugs wird der Betrag wieder zurück überwiesen, wenn er im Vorfeld von Ihrer Kreditkarte abgebucht wurde. Andernfalls wird der Betrag wieder freigegeben. Vor dem Mieten sollten Sie sich dennoch ausdrücklich informieren, in welchen Fällen der Händler Ihre Kaution in Anspruch nimmt.

Bevor es letztendlich dazu kommt, dass Sie den Camper mieten, wird ein Mietvertrag zwischen dem Händler und Ihnen aufgesetzt. Hier werden jegliche wichtigen Details festgehalten. Im Mietvertrag wird unter anderem festgehalten, wer der Fahrer ist. Bei den meisten Anbietern ist es mittlerweile zulässig, zwei Personen kostenlos als Fahrer einzutragen. Jedoch zählt dies nicht grundsätzlich zum Standard. Da es sehr anstrengend sein kann, wenn nur eine Person dauerhaft fährt, sollten Sie darüber nachdenken, ob es nicht besser ist, gegen einen Aufpreis einen zweiten Fahrer eintragen zu lassen.

Vor dem Unterzeichnen des Mietvertrags müssen Sie prüfen, ob

Inklusivkilometer vertraglich vereinbart sind. Dies bedeutet, dass der Händler festlegt, wie viele Kilometer Sie mit dem Wohnmobil fahren dürfen. Falls Sie doch mehr Kilometer zurücklegen als vertraglich vereinbart ist, muss der Preis pro Kilometer erkennbar sein. Denn bei einer Reise mit einem Wohnmobil hat Spontanität eine hohe Priorität. So kommt es nicht selten vor, dass die Inklusivkilometer überschritten werden.

Des Weiteren muss der Mietvertrag über die Leistungen, die eine Versicherung abdeckt, informieren. In den meisten Fällen deckt die Versicherung unterschiedliche Schäden ab. Wenn Sie allerdings mehr Schäden abgedeckt haben möchten, ist dies gegen einen geringen Aufpreis möglich. Wenn Sie den Versicherungsschutz aufstocken, sind Sie gegen jegliche Risiken gewappnet. Das Aufstocken hat außerdem noch einen zusätzlichen Vorteil: die Selbstbeteiligung im Schadensfall wird gesenkt. An diesem Punkt sollten Sie keinesfalls unnötig sparen. Ein Unfall kann schneller passieren als erwartet. Und bei der Anmietung des Fahrzeugs entsteht immer eine Selbstbeteiligung im Schadensfall. Besonders im Ausland kommen hier andere Summen auf Sie zu.

Der Mietvertrag muss weiterhin regeln, welche Reparaturen Sie ohne die Zustimmung des Vermieters durchführen lassen dürfen. Direkt vor Ort dürfen Sie in der Regel kleine Ausbesserungen vornehmen lassen. Hier sollte aber vertraglich vereinbart sein, welche Reparaturen und welche Summen Sie ausführen lassen dürfen, ohne dass der Vermieter kontaktiert werden muss.

Ein Unfall ist in jedem Fall unangenehm, doch mit einem fremden Fahrzeug kann es hier rasch zu größeren Problemen kommen. Da ein Unfall die Reise schnell verderben kann, ist es besser, im Vorfeld zu klären, wie Sie im Schadensfall handeln sollen. Im Mietvertrag sollte dies geregelt werden. Außerdem sollte er beinhalten, wer für den Rücktransport des Fahrzeugs verantwortlich ist, wenn es nicht mehr fahrtauglich ist.

Die überwiegende Anzahl der Anbieter stellt Ihnen eine Servicepauschale in Rechnung. Diese wird für die Säuberung, das Vorbereiten des Campers, den Austausch von Wasser- und Gastank sowie für die Ausstattung mit dem gemieteten Equipment berechnet. Prüfen Sie an dieser Stelle sorgfältig den Mietvertrag. Andernfalls können Sie am Ende Ihres Roadtrips eine böse Überraschung erleben.

Im Mietvertrag müssen ebenfalls Details vermerkt sein, wer die Endreinigung übernimmt, ob das Fahrzeug vollgetankt und wann es wieder zurückgebracht werden muss.

PFLEGE UND WARTUNG

Diejenigen, die ein mobiles Heim mieten, müssen es nur während der Mietdauer pfleglich behandeln. Wohnmobilbesitzer haben hingegen mehr Verpflichtungen. Sie sollten sich das ganze Jahr über um ihr Fahrzeug bemühen, damit es sich nicht irgendwann in einem beklagenswerten Zustand befindet.

Wie bei einem Pkw sind beim Wohnmobil ebenfalls einige Arbeiten vom Gesetzgeber aus Sicherheitsgründen zwingend vorgeschrieben. Die Hauptuntersuchung dürfte Ihnen vom Pkw bereits bekannt sein. Im Volksmund wird diese auch als TÜV bezeichnet. In der Regel ist die Hauptuntersuchung im Abstand von zwei Jahren fällig. Hier werden die Verkehrssicherheit sowie Umweltverträglichkeit (Abgasuntersuchung) getestet. Handelt es sich bei Ihrem Wohnmobil bei einem Kraftfahrzeug über 3,5 Tonnen zulässige Gesamtmasse, ist die Hauptuntersuchung nach sechs Jahren sogar jährlich durchzuführen. Die Überprüfung der Gas-Anlage ist ebenfalls alle zwei Jahre fällig. Sie ist durchaus sinnvoll, da hier überprüft wird, ob die Anlage funktionsfähig und dicht ist. Möglicherweise können Sie beide Überprüfungen auf einen Termin legen.

Ein weiterer wichtiger Termin, der nicht gesetzlich vorgeschrieben ist, ist die Dichtigkeitsprüfung. Für Besitzer von einem neuen Fahrzeug oder von einem neuen gebrauchten Wohnmobil ist dieser Termin wichtig. Diese Prüfung muss jährlich durchgeführt werden und stellt eine Voraussetzung dar, damit die Dichtigkeitsgarantie gewährt wird. Wenn Sie im Besitz eines älteren Fahrzeugs sind, lohnt sich diese Prüfung ebenfalls. Denn niemand möchte bei seinem Fahrzeug Feuchtigkeitsschäden haben. Häufig ist es nämlich für eine Reparatur zu spät, wenn man die Feuchtigkeitsschäden bemerkt. Eine sorgfältige Vorsorge kann Sie vor diesen Schäden bewahren.

Die wichtigsten Überprüfungen rund um das Wohnmobil sind die Verkehrssicherheit, Umweltverträglichkeit, Sicherheit der Gas-Anlage sowie die Dichtigkeit des Aufbaus. Des Weiteren sollten Sie das Fahrzeug in einigen Punkten noch selbst überprüfen. Vor einer längeren Fahrt lohnt es sich zu prüfen, ob noch ausreichend Öl vorhanden ist. Die Scheibenwaschanlage sowie der Behälter für das Kühlwasser sollten ebenfalls gefüllt sein. Überdies sollten Sie regelmäßig überprüfen, ob die Heizung sowie der Luftfilter noch in Ordnung sind. Diese Überprüfungen können Sie selbst vornehmen.

An dieser Stelle ist es gut zu wissen, dass sie nicht Teil der Hauptuntersuchung sind. Allerdings werden diese Aspekte im Rahmen einer Inspektion geprüft. Vor allem bei Neufahrzeugen ist diese vom Hersteller zwingend vorgeschrieben. Andernfalls kann im Schadensfall keine Garantie gewährleistet werden. Auf Grund der Gewährleistung ist in der Regel festgelegt, bei welcher Werkstatt Sie die Inspektion durchführen lassen müssen. Nachdem die Garantiezeit geendet hat, ist auch die Werkstattbindung aufgehoben, sodass Sie sich selbst eine Werkstatt für die anfallenden Wartungsarbeiten aussuchen können. Hierbei können Sie meist einige Kosten sparen.

Neben der Inspektion sollten sie verschiedene Kontrollen

mindestens zweimal jährlich durchführen. Bei einem Wohnmobil müssen die Dichtungen besonders gepflegt werden. Diese bleiben über einen längeren Zeitraum erhalten, sobald Sie ihnen ein wenig mehr Aufmerksamkeit widmen. Die Pflege können Sie mit Silikon, Vaseline, Talkum oder einem speziellen Pflegemittel durchführen. In der Regel tauchen Dichtungen an Fenstern, Türen, Dachluken, Klappen, Armaturen sowie der Toilette auf.

Die Außensichtkontrolle lohnt sich ebenfalls. Führen Sie diese nicht regelmäßig durch, entdecken Sie manche Schäden möglicherweise erst Wochen oder sogar Monate später. Nicht selten ist es dann für die Spurensicherung, Schadensmeldung und Ursachenermittlung zu spät.

Da die meisten Camper vorzugsweise mit einem sauberen Fahrzeug ihren Roadtrip antreten, ist eine gelegentliche Wäsche unerlässlich. Auch hier gilt, dass das Fahrzeug nur an für die Wäsche genehmigten Stellen gereinigt werden darf. Auf Grund der Abmessungen können Sie eine Waschanlage für Pkw nicht nutzen. Am besten suchen Sie eine Waschanlage für Lkw und Busse auf.

Um den Wert des Gefährts zu erhalten, gönnen Sie Ihrem Wohnmobil ruhig gelegentlich mal eine Politur oder eine vernünftige Konservierung. Einerseits schützt die Politur vor einer schnellen Wiederverschmutzung. Andererseits sieht ein poliertes Fahrzeug optisch besser aus.

VORBEREITUNG AUF DIE SAISON

Sobald Deutschland ein wenig von der Sonne verwöhnt wird, sehnen zahlreiche Camper den Saisonbeginn nur so herbei. Nicht nur die Betreiber der Campingplätze, sondern auch die Wohnmobilbesitzer treffen die letzten Vorbereitungen. Bevor Sie die erste Fahrt der Saison mit Ihrem Wohnmobil antreten, sollten Sie es einem Check unterziehen. Nur so können Sie böse Überraschungen vermeiden.

Zuerst sollten Sie den technischen Stand Ihres Wohnmobils überprüfen. Zwar wurde es einige Zeit zum Überwintern abgestellt. Dies ist allerdings keine Garantie, dass nichts an Ihrem Gefährt kaputt geht. Nachdem Sie es aus dem Winterschlaf geweckt haben, lohnt sich ein Blick auf die Plakette für die Hauptuntersuchung. Ist diese abgelaufen, müssen Sie zwingend eine neue Plakette beantragen. Des Weiteren sollten Sie prüfen, ob demnächst eine Inspektion ansteht. Weiterhin sollten Sie der Batterie Aufmerksamkeit widmen und überprüfen, ob das Fahrzeug überhaupt noch startet. Ist dies nicht gegeben, müssen Sie die Batterie aufladen. Die Beleuchtung sollte ebenfalls funktionsfähig sein. Am besten lassen sich Scheinwerfer, Rück- sowie Bremsleuchten zu zweit überprüfen. Vor Fahrtantritt ist eine kurze Bremsprobe unerlässlich. Hierzu fahren Sie kurz an und bremsen anschließend wieder, um die Funktionsfähigkeit der Bremsen zu prüfen. Im Zuge dessen überprüfen Sie am besten, ob noch ausreichend Bremsflüssigkeit vorhanden ist. Die Hupe sollte ebenfalls funktionstüchtig sein.

Die Bereifung und Räder sind außerdem ein wichtiger Aspekt. Der Reifendruck und die Profiltiefe müssen ausreichend sein. Die Mindestprofiltiefe beläuft sich auf 1,6 mm. Empfohlen werden jedoch 4 mm.

Des Weiteren sollten Sie nötigenfalls Scheibenwasser und Motoröl nachfüllen. Um zu prüfen, ob die Wasseranlage noch dicht ist, sollten Sie diese durchspülen. Zum Abschluss lohnt es sich zu kontrollieren, ob Gasanlage, Heizung und Warmwasser funktionsfähig sind. Liegt ein Defekt vor, kann es gerade im Frühjahr bei Ihrem Roadtrip ohne Heizung und Warmwasser sehr kalt werden.

Zu guter Letzt empfiehlt sich eine Reinigung des Wohnmobils. Nach der Reinigung gibt es auch auf der Straße ein tolles Bild ab. Ob Sie mit der Innen- oder Außenreinigung beginnen, bleibt Ihnen überlassen. Bei der Außenreinigung putzen Sie am besten von oben nach unten. Bei der Reinigung des Daches prüfen Sie dies vor allem auf undichte Stellen, Dellen oder Risse. Falls das Wohnmobil im Freien überwintert hat, ist diese Kontrolle besonders wichtig. Anschließend fahren Sie mit der Reinigung des Außenblechs fort. Zum Reinigen der Fenster eignet sich Acrylglasreiniger. Die Dichtungen von Türen und Fenstern lassen sich am besten mit Talkum oder Glycerin behandeln. Je nachdem, wie viel Zeit Sie für die Außenreinigung aufwenden möchten, sollten Sie darauf achten, den Lack mit einem schonenden Mittel zu reinigen und anschließend zu wachsen. Das Wachs schützt den Lack vor Beschädigungen. Bei Ihrer Reinigung dürfen Sie das Vorzelt und die Markise ebenfalls nicht vergessen. Vor der Innenreinigung lüften Sie das Wohnmobil gut durch. Dies sollten Sie übrigens auch während des Überwinterns tun. Prüfen Sie gründlich, ob im Innenraum Schimmel oder Wasserschäden vorhanden sind. Die Polster, Matratzen und Teppiche können Sie am besten im Freien saugen. Glatte Flächen, Ablagen und Böden freuen sich darauf, mit einem feuchten Tuch abgewischt und von Staub befreit zu werden.

Der Kühlschrank sowie die übrigen Schränke sollten Sie nach der feuchten Innenreinigung geöffnet lassen. Nur so können die Schränke am besten trocknen. Die Wassertanks dürfen Sie außerdem nicht vernachlässigen. Ein spezielles Mittel ist nützlich, um die Tanks gegen Algen und Bakterien zu behandeln. Außerdem desinfiziert dieses Mittel die Tanks gleichzeitig. Je nachdem, wie kalkhaltig das Wasser ist, das Sie tanken, sollten Sie die Wassertanks etwa zweimal pro Jahr entkalken.

PRAKTISCHE UMBAUTEN

Diejenigen, die sich selbst als stolze Wohnmobilbesitzer bezeichnen können, kommen mit Sicherheit irgendwann in Versuchung, das Wohnmobil ein wenig um- bzw. auszubauen. Einige Upgrades sind durchaus sinnvoll.

So lohnt es sich, eine Alarmanlage zu installieren. Mit einem lauten Signalton verschreckt sie Langfinger und schützt das Fahrzeug vor Einbruch und Abtransport. Der Alarm wird bei den meisten Geräten direkt auf das Smartphone des Besitzers weitergeleitet, da sich die meisten Alarmanlagen in der Regel mit einem Smartphone verbinden lassen.

Der Platz, um Dinge in Ihrem Wohnmobil aufzubewahren, ist teilweise Mangelware. Und da Sie manche Dinge einfach griffbereit haben müssen, lohnt es sich, Ihren Camper mit Halterungen und Netzen auszustatten. Beim Kochen benötigt man häufig verschiedene Gewürze und möchte diese nicht immer aus dem hintersten Schrank hervorholen. Neben einer Gewürzhalterung an der Innenseite des Schrankes hat sich eine weitere Konstruktion als hilfreich erwiesen. Hierzu kleben Sie auf den Deckel von einer Dose doppelseitiges Klebeband. Die Oberseite des Deckels befestigen Sie nun unterhalb eines Hängeschranks. In die Dose können Sie Zucker, Kaffee, Mehl usw. einfüllen. Durch diese nützliche Konstruktion haben Sie viel Platz gespart.

Weiterhin können Sie Platz im Kühlschrank Ihres Wohnmobils sparen, wenn Sie ein Einkaufsnetz mit einem Haken an der Decke befestigen. Dort können Sie ganz bequem Obst und Gemüse lagern und der ohnehin spärliche Platz im Kühlschrank bleibt für andere Lebensmittel erhalten.

Je nachdem, wie groß Sie sind, können Sie sich zum Aufbewahren Ihrer Schuhe einen Schuhorganizer anschaffen. Dieser lässt sich beispielsweise mühelos am Fußende des Bettes platzieren. Jedoch dürfen Sie hier nicht zu groß sein, ansonsten kann der Schuhorganizer als störend empfunden wird.

An der Hecktür Ihres Campers werden Sie in der Regel ein Staunetz finden. Dies können Sie ebenfalls nutzen, um Campingzubehör oder diversen Kleinkram zu verstauen. Diese Staunetze können sie ebenfalls in der Nasszelle anbringen. Hier können Sie Ihre Hygieneutensilien sicher verstauen. Außerdem trocknen die Staunetze schnell, sobald Sie die Nasszelle zum Duschen nutzen.

Falls Sie sich scheuen, die Nasszelle im Wohnmobil zu nutzen, kann eine Außendusche Abhilfe schaffen. Die Nasszelle ist klein und eng und lediglich für kleine und schlanke Menschen geeignet. Das ständige Duschen im Wohnmobil lässt das Fahrzeug zum Feuchtbiotop werden. Überdies kann sich das Furnier ablösen. Nutzen Sie eine Außendusche, sind beide Probleme beseitigt. Ein weiterer positiver Aspekt ist, dass kein Schmutz mehr in das Wohnmobil geschleppt wird. Um eine Außendusche zu errichten, befestigen Sie einfach mit einem Saugnapf einen Duschkopfhalter an der Karosserie. Somit haben Sie beide Hände frei.

Einen Duschvorhang können Sie sich ebenfalls selbst basteln. Dazu nehmen Sie eine biegsame Kunststoffstange, ziehen einen Duschvorhang darauf und befestigen diese mit zwei Saugnäpfen auf der Höhe Ihres Kopfes am Fahrzeug. Den dritten Saugnapf müssen Sie über dem Duschkopf befestigen. An dem dritten Saugnapf befestigen Sie das Ende eines dünnen Seils. Das andere Ende des Seils befestigen Sie an der Kunststoffstange. Somit hat der Duschvorhang genügend Halt. Den Duschkopf sowie den -vorhang können Sie dann bei der Weiterfahrt im Kofferraum Ihres Campers verstauen.

Das Mitführen eines Feuerlöschers ist in Deutschland zwar nicht vorgeschrieben, aber sinnvoll. Bevor Sie ein anderes Land bereisen, informieren Sie sich am besten, ob Sie einen Feuerlöscher mit sich führen müssen. Ein Feuerlöscher kann kein brennendes Wohnmobil löschen, dennoch dient er dazu, um kleinere Brände in den Griff zu bekommen. Hierzu genügt ein Schaumlöscher mit zwei Liter Fassungsvermögen oder auch ein Feuerlöschspray.

Besonders in den Sommermonaten ist es im Wohnmobil warm und stickig. Wenn Sie nun die Fenster und Türen öffnen, ziehen Sie ganz schnell zahlreiche Fliegen und Mücken an. Die einzige Abhilfe schaffen Fliegengitter. Extra für Ihr Fahrzeug angepasste Fliegengitter sind im Regelfall extrem teuer. Aus diesem Grund ist es besser, einfach ein Fliegengitter im Baumarkt zu kaufen. Dies können Sie an der Seite mit Klettverschlüssen befestigen. Außerdem lässt es sich schnell hochrollen. Damit Sie es sich im Schlafbereich gemütlich machen und Bilder aufhängen können, eignet sich selbstklebende Magnetfolie. Diese können Sie als Pinnwand nutzen. Hier können Sie Fotos, Notizen und alles Mögliche anheften.

ÜBERWINTERUNG

Die Tage werden kürzer und die Temperaturen werden niedriger. Schließlich wird die Uhr umgestellt. Langsam aber sicher ist es an der Zeit, das Fahrzeug wintertauglich zu machen. In der Regel legen die meisten Camper eine Winterpause ein, da das Campen im Winter alles andere als angenehm ist. Das Saisonende eines Wohnmobils ähnelt dem Auszug aus einer Wohnung. Diese wird nämlich im Idealfall besenrein hinterlassen. Um das Fahrzeug perfekt einmotten zu können, sollten Sie zunächst seinen Aufbau und Unterboden waschen.

Nachdem das Gefährt getrocknet ist, gönnen Sie ihm eine Politur mit Wachs. Die Gummidichtungen bedürfen ebenfalls einer speziellen Pflege. Um diese geschmeidig zu machen, eignen sich Pflegemittel und Talkum. Des Weiteren sollten Sie Ihr Wohnmobil nicht mit leerem Tank einmotten. Zwar werden sie keine oder nur wenige Kilometer im Winter zurücklegen, jedoch verhindert ein gefüllter Tank Rostschäden. Diese treten möglicherweise an der Innenseite des Tanks durch die Bildung von Kondenswasser auf. Der Frostschutz im Kühler und in der

Waschanlage sollte ebenfalls aufgefüllt sein. Dies verhindert ein Einfrieren des Tanks und der Leitungen. Da Eis eine höhere Dichte als Wasser hat, können unter Umständen die Leitungen durch die Bildung von Eis beschädigt werden.

Sobald Sie das Fahrzeug an seinem Platz für den Winter abgestellt haben, legen Sie den ersten Gang ein. So ist Ihr Wohnmobil vor dem Wegrollen gesichert. Sie sollten das Fahrzeug nie über einen längeren Zeitraum mit angezogener Handbremse abstellen. Andernfalls können die Bremsklötze an der Trommel oder den Scheiben festrosten. Außerdem können die Seilzüge festgehen.

Damit die Reifen optimal entlastet sind, sollten Sie vor dem endgültigen Abstellen den Reifenluftdruck um 0,5 bar erhöhen. Dazu heben Sie das Wohnmobil am besten mit einem Wagenheber oder Kurbelstützen ein wenig an. Um punktuelle Belastungen zu verhindern, bieten sich spezielle Reifenwiegen an, die über eine höhere Aufstandsfläche verfügen.

Die Starter- und Bordbatterie sollten Sie auf jeden Fall voll aufladen und anschließend abklemmen. Lagern Sie die Batterie frostfrei und trocken. Ist dies nicht möglich, können Sie das Wohnmobil auch bei 230 Volt angeschlossen lassen. Dies führt dazu, dass die Batterie dauerhaft nachgeladen wird.

Wichtig ist überdies, dass Sie die Luftzirkulation verbessern. Stellen Sie dazu Matratzen und Sitzpolster auf. Ein Öffnen der Hängeschränke kann ebenfalls behilflich sein. Nur so wird die Bildung von Kondenswasser verhindert. Die Fenster sollten Sie am besten zusätzlich in Lüftungsstellung bringen. Damit die Wasserleitungen keinen Schaden tragen, leeren Sie die Wasseranlage des Campers vor dem Überwintern vollständig. Vor dem Entleeren öffnen sie die Hähne und stellen Sie die Pumpe ab. Durch den Unterdruck wird das Restwasser aus den Armaturen sowie Leitungen gezogen. Für Druckwasserpumpen empfiehlt sich eine separate Entwässerung.

Heizung und Kühlschrank sollten Sie eine Winterabdeckung aufsetzen. Überdies schließen Sie die Gasflaschen und -hähne und schrauben Sie die Regler von den Flaschen los. Je nachdem, wo sich Ihr Fahrzeug zum Überwintern befindet, können Sie es mit einer staubdichten Hülle abdecken. Achten Sie darauf, dass die Hülle dennoch luftdurchlässig ist.

Diejenigen, die ihr Wohnmobil lediglich von Frühjahr bis Herbst nutzen möchten, sollten entweder eine Ruheversicherung oder ein Saisonkennzeichen nutzen. Denn nur so können Sie bares Geld sparen. Wenn Sie Ihr Wohnmobil für eine längere Zeit, wie beispielsweise zum Überwintern, abmelden möchten, endet die Versicherung nicht automatisch. Die meisten Anbieter bieten den Service an, dass die Versicherung zu einer beitragsfreien Ruheversicherung übergeht. Sie umfasst Umwelt- und Haftpflichtschäden. Sofern Sie Ihr Wohnmobil vorher Voll- oder Teilkasko versichert hatten, laufen diese Versicherungen ebenfalls weiter. Die Vollkaskoversicherung schützt Ihr Wohnmobil vor den Handlungen Dritter. Hierzu zählen mut- und böswillige Handlungen wie Vandalismus. Die Teilkaskoversicherung deckt einen Diebstahl ab.

Die Ruheversicherung stellt für die meisten Anbieter eine individuelle sowie praktische Lösung dar. Der Besitzer des Wohnmobils ist durch die An- und Abmeldung des Gefährts flexibler als bei der Nutzung eines Saisonkennzeichens. Wenn Sie auf Grund der Wetterlage Ihr Fahrzeug früher oder später einmotten möchten, ist dies problemlos möglich. Bei einem Saisonkennzeichen sind Sie an einen bestimmten Zeitraum gebunden.

Eine Ruheversicherung müssen Sie üblicherweise nicht extra beantragen. Dem Versicherer wird die An- und Abmeldung automatisch durch die Zulassungsstelle gemeldet. Somit müssen Sie mit der Versicherung keinen Kontakt aufnehmen. Sobald das Fahrzeug wieder angemeldet wird, wird der beitragspflichtige Versicherungsvertrag automatisch wieder aufgenommen. Nach der Anmeldung müssen Sie lediglich bei der Versicherung eine neue eVB anfordern. Bei der eVB handelte sich um eine elektronische Versicherungsbestätigung. Dies ist ein Code aus Zahlen sowie Buchstaben, den die Zulassungsstelle benötigt. Ein kurzer Anruf bei der Versicherung genügt, damit Sie die eVB erhalten.

Wenn Sie Ihr Fahrzeug abmelden und eine Ruheversicherung wünschen, sollten Sie sich im Vorfeld darüber informieren, ob Ihre Versicherung dies anbietet. Denn der gängigen Praxis entspricht dies noch nicht bei allen Versicherungen. Weiterhin kann es möglich sein, dass Ihre Fahrzeugart nicht unter die Ruheversicherungen fällt. So können beispielsweise Wohnwagen davon ausgenommen sein. Dies bedeutet, dass die Versicherung bei der Abmeldung mit dem vollen Betrag weiterläuft. Lediglich die Kfz-Steuer entfällt für diesen Zeitraum. Da Sie so relativ viel Geld verschenken, lohnt es sich, sich im Vorfeld zu informieren. So kann die Versicherung bestimmte Bedingungen als Auflage erfordern, wie beispielsweise, dass sich das Fahrzeug für den abgemeldeten Zeitraum auf einem umfriedeten Grundstück oder in einer Garage oder Halle befinden muss. Die An- sowie Abmeldung eines Wohnmobils kostet rund 15 bis 20 Euro.

Bei Ruheversicherungen ist zwischen beitragsfreien und beitragspflichtigen Ruheversicherungen zu unterscheiden. Bei der beitragspflichtigen Ruheversicherung ist die Ausgangslage eine etwas andere. Hier haben Sie sich ein Wohnmobil in den Wintermonaten angeschafft, das zuvor noch nicht zugelassen war. Außerdem nutzen Sie das Gefährt nicht sofort. Der Abschluss einer beitragspflichtigen Ruheversicherung ist dann sinnvoll, wenn Sie die Zeit bis zur nächsten Zulassung überbrücken möchten. In diesem Fall sollten Sie sich zuvor von verschiedenen Versicherungen beraten lassen. Denn je nach Anbieter unterscheiden sich hier die Versicherungsbedingungen.

Je nachdem, wie zufrieden Sie mit Ihrer Versicherung sind, ist ein Versichererwechsel nicht ausgeschlossen. Meist endet die Versicherung mit Ablauf des Versicherungsjahres, somit am 31. Dezember. Wenn Sie die Kündigung einreichen möchten, gilt der 30. November als Stichtag. Dies bedeutet für Sie, dass im neuen Jahr kein Versicherungsschutz mehr besteht. Bei einer Anmeldung des Fahrzeugs im März tritt zu diesem Zeitpunkt erst der neue Versicherungsschutz in Kraft. Für die Monate Januar und Februar besteht kein Versicherungsschutz. Bei einem Versichererwechsel tritt die Ruheversicherung bei der neuen Versicherung automatisch ein, sofern das Wohnmobil bereits schon einmal mit dem gleichen Versicherungsvertrag angemeldet war. Um im Januar und Februar dennoch Versicherungsschutz zu genießen, können Sie sich bei Ihrem neuen Versicherer informieren, ob Sie sich für die beiden Monate in eine Ruheversicherung einkaufen können. Häufig ist dies für einen verminderten Beitrag möglich. Die Ruheversicherung endet automatisch, sobald Sie Ihr Wohnmobil über einen längeren Zeitraum als 18 Monate abgemeldet haben. Eine Kündigung erhalten Sie hierbei nicht.

Jedoch sollten Sie beachten, dass eine Abmeldung Ihres Wohnmobils nicht genügt, um aus dem Versicherungsvertrag auszusteigen. Wenn Sie Ihr Wohnmobil während einer bestehenden Ruheversicherung bei einem anderen Versicherer wieder anmelden, hat der alte Versicherer automatisch das Recht, Ihren Versicherungsvertrag weiter fortzusetzen. Sie benötigen in jedem Fall eine fristgerechte und ordentliche Kündigung.

Die wichtigen Fakten der Ruheversicherung zusammengefasst:

- Damit die Versicherung zu einer Ruheversicherung wird, muss das Wohnmobil mindestens 14 Tage still gelegt sein. Im Falle der Stilllegung gilt der Versicherungsschutz maximal 18 Monate.
- Ihr Wohnmobil muss sich während der Zeit seiner Abmeldung auf

einem umfriedeten Gelände befinden. Dies ist zumindest beim überwiegenden Teil der Versicherungsanbieter eine Voraussetzung, um die Ruheversicherung in Anspruch nehmen zu können.

- Für Wohnwagen gilt eine Ruheversicherungsschutz in der Regel nicht
- Während der Stilllegung dürfen Sie Ihr Wohnmobil nicht im öffentlichen Straßenverkehr nutzen, es sei denn, sie fahren zum TÜV
- Bei den meisten Verträgen endet der Versicherungsschutz direkt nach der Stilllegung und geht in eine Ruheversicherung über.
- Eine beitragspflichtige Ruheversicherung können Sie selbst dann abschließen, wenn Ihr Wohnmobil eine Erstzulassung ist und zuvor noch nirgends versichert war.

Um Ihre Ausgaben zu reduzieren, können Sie neben der beitragsfreien Ruheversicherung ebenfalls ein Saisonkennzeichen nutzen. Bei einem Saisonkennzeichen ist der Vorteil, dass Sie die Kosten sowie den Aufwand für die An- und Abmeldung sparen. Weiterhin entsteht keine zeitliche Versicherungslücke. Bei einem Saisonkennzeichen ist der Kündigungstermin nämlich der Saisonbeginn und nicht der 31. Dezember. Jedoch weist die Nutzung von Saisonkennzeichen ebenfalls ein paar Nachteile auf. Denn außerhalb der Saison, wenn das Wohnmobil abgemeldet ist, darf es keinesfalls im öffentlichen Straßenverkehr bewegt werden. Das Parken im öffentlichen Raum ist ebenfalls verboten.

Wer glaubt, dass die Anmeldung mit einem Saisonkennzeichen in Stein gemeißelt ist, irrt sich. Zwischendurch können Sie die Zeiträume für ein Saisonkennzeichen anpassen. Das Wohnmobil muss dazu über bei der Zulassungsstelle umgemeldet werden. Dies ist mit Aufwand und natürlich auch wieder Kosten verbunden. Überdies gilt diese Änderung nicht nur für eine Saison. Sie ist langfristiger ausgelegt. Dies bedeutet, dass Sie die Änderung immer wieder erneut durchführen müssen.

Die Kosten für das Saisonkennzeichen sind genau vorhersehbar. Sie richten sich nämlich nach der Anzahl der Monate. Wenn Sie Ihr Wohnmobil beispielsweise von März bis Oktober, also acht Monate, angemeldet haben, beläuft sich die Versicherungssumme genau auf diese acht Monate.

Die Versicherungssumme berechnet sich wie folgt:

Versicherungssumme für das gesamte Jahr : 12 Monate x 8 Monate

Als Beginn des Zeitraums wird immer der Monatsanfang gewählt. Das Ende stellt immer der letzte Tag des gewählten Monats dar. Es können nur komplette Monate berücksichtigt werden. Die Anzahl der Monate können Sie selbst bestimmen. Bei der Zulassungsstelle werden zwischen 50 und 60 Euro für eine Änderung in Rechnung gestellt.

Die wichtigen Fakten des Saisonkennzeichens zusammengefasst:

- Das Fahrzeug muss mindestens zwei Monate angemeldet sein. Der maximale Zeitraum beläuft sich auf elf Monate.
- Der Vorteil des Saisonkennzeichens ist, dass Sie den Gang zur Zulassungsstelle sparen. Die Ab- sowie Anmeldung erfolgt automatisch.
- Im Vergleich zur ganzjährigen Zulassung können Sie bei einer saisonalen Zulassung Kosten sparen. Die Kosten für Steuer und Versicherung fallen nämlich nur anteilig an.
- Der Nachteil eines Saisonkennzeichens liegt darin, dass sie immer an den Zeitraum der Zulassung gebunden sind. Ein früherer Start in die Saison oder ein späteres Ende sind nicht möglich. Eine spontane Änderung erweist sich als schwierig.
- Außerhalb der Saison dürfen Sie das Wohnmobil nicht im öffentlichen

Straßenverkehr führen. Fahrten zum TÜV sind hiervon nicht ausgenommen.

Ob Sie sich nun für eine Ruheversicherung oder ein Saisonkennzeichen entscheiden, hängt davon ab, wie flexibel Sie sein möchten. Denn eine Ruheversicherung verschafft Ihnen mehr Flexibilität. Bei einem Saisonkennzeichen sind Sie nämlich an vorgegeben Zeiten gebunden und eine Änderung der Saison ist jedes Mal mit Kosten und Aufwand verbunden.

Auf Reisen

Der Vorteil eines Campingurlaubs ist die Freiheit. Sie können sich täglich aussuchen, an welchem Ort Sie aufwachen und einschlafen möchten. Während manche Camper am liebsten im deutschsprachigen Raum unterwegs sind, verschlägt es die anderen Camper auch gerne mal ins Ausland. Wenn Sie in fremden Ländern unterwegs sind, sollten Sie sich am besten über die verschiedenen Reglementierungen informieren. Aber nicht nur die Verkehrsregeln können von denen in Deutschland abweichen, sondern auch die Regeln, die auf den Campingplätzen herrschen. Am besten informieren Sie sich vor einer Fahrt ins Ausland über die dort geltenden Bestimmungen. Überdies sollten Sie in jedem Fall nur ausgeruht ans Steuer gehen. Denn beispielsweise der Linksverkehr in Großbritannien erfordert vollste Konzentration.

Bei der Planung Ihrer Reiseroute tut Übermut selten gut. Denn Sie sollten sich keinesfalls zu viele Kilometer pro Tag vornehmen. Andernfalls werden Sie keine entspannte Reise haben. Planen Sie maximal 200 Kilometer täglich für die Fahrt ein, damit Sie noch entspannt den übrigen Tag genießen können.

UNTERWEGS IN FREMDEN LÄNDERN

Sofern es Sie mit dem Wohnmobil in fremde Länder verschlägt, müssen Sie sich im Vorfeld zwingend über die geltenden Regelungen im Ausland informieren. Während einige Regelung in ganz Europa Gültigkeit haben, können andere Regelungen hingegen äußerst unterschiedlich sein. Die Pflicht, Sicherheitsgurte anzulegen, ist beispielsweise überall in Europa gültig. Die Regeln zum Befahren von Autobahnen sind allerdings von

Land zu Land unterschiedlich.

In Belgien ist die Nutzung der Autobahn kostenlos. Nur die Belgier müssen eine Kraftfahrzeugsteuer entrichten. Eine Besonderheit ist, dass die Autobahn überall beleuchtet ist. In Frankreich hingegen sind die Autobahnen kostenpflichtig. Auf 100 Kilometer fallen etwa zehn Euro Gebühr an. Die Autobahnen sind dafür sehr sauber und vor allem sicher. Die Landstraße stellt eine gute Alternative zur Autobahn dar. Falls Sie es also nicht eilig haben und die schöne Landschaft genießen möchten, nutzen Sie besser die Landstraße.

Die Autobahnen in Italien sind ebenfalls kostenpflichtig. An der Grenze kommt es deshalb oft zu Stau. Um lange Wartezeiten zu vermeiden, können Sie beispielsweise auf die Nutzung der VIAcard zurückgreifen. Bei Fahrten in größere Städte ist ebenfalls Vorsicht geboten. Möglicherweise ist der Verkehr hier beschränkt.

Wenn Sie in Portugal unterwegs sind, müssen Sie ebenfalls darauf vorbereitet sein, eine Maut zu zahlen. Hier kann die Zahlung elektronisch erfolgen. Um lange Wartezeiten zu vermeiden, empfiehlt es sich, Anwendungen wie Easy Toll, Tollservice, Tollcard oder Viaverde zu nutzen. Selbstverständlich können Sie Autobahnen umfahren, aber auf Landstraßen ist vor allem im Sommer oft mit einem erheblichen Verkehrsaufkommen zu rechnen.

In Spanien hingegen sind rund 20 Prozent des Verkehrsnetzes kostenpflichtig. Vor kurzem wurden die Autobahnen erst erneuert. Mithin befinden sie sich in einem sehr guten Zustand.

Auch das Vereinigte Königreich ist mit einem sehr guten Verkehrsnetz ausgestattet. Dennoch sind die Straßen rasch überfüllt.

Die Autobahnen in den Niederlanden befinden sich ebenfalls in einem sehr guten Zustand. Diese sind problemlos befahrbar.

Die Benutzung der Autobahn ist in der Schweiz ein wenig anders geregelt. Hier müssen Sie ein Abonnement zahlen. Dieses kostet 38 Euro und gilt 14 Monate. Es ist an Tankstellen oder in der Post sowie an der Grenze abschließbar.

Österreich hat sich dem Konzept der Schweiz angeschlossen. Allerdings können Sie hier zwischen drei Abonnements wählen. Eine Vignette für zehn Tage kostet neun Euro, für einen Zeitraum von zwei Monaten werden 25,30 Euro fällig und wenn Sie die Autobahn ein Jahr lang nutzen möchten, kostet Sie dies 85 Euro. In Österreich und in der Schweiz können Sie die Autobahnen auch problemlos umfahren. In den Grenzgebieten ist jedoch Vorsicht geboten. Hier münden die deutschen Autobahnen übergangslos in die österreichischen oder schweizerischen Autobahnen. Ehe Sie sich versehen, befinden Sie sich ohne Vignette auf einer Autobahn in Österreich oder in der Schweiz. Und eine Kontrolle an der nächsten Abfahrt kann teuer werden. In Österreich kostet das Fahren ohne Vignette 120 Euro.

Insgesamt gibt es drei verschiedene Modelle. Es gibt jene Länder, in denen die Benutzung der Autobahn kostenlos ist, wie in Deutschland, Dänemark, Schweden, Finnland oder dem Vereinigten Königreich.

Es gibt aber auch Länder mit Mautsystem, wie Spanien, Frankreich oder Italien. Und zu guter Letzt müssen Sie in Österreich und der Schweiz ein Abonnement abschließen.

Neben der Benutzung der Autobahn gibt es noch weitere Regeln zu beachten. In den meisten Ländern haben die Fahrzeuge, die sich im Kreisverkehr befinden, Vorfahrt.

In Irland und Griechenland wird dies anders gehandhabt. Dort sind die Fahrzeuge, die in den Kreisverkehr hineinfahren wollen, vorfahrts–

berechtigt. In den südeuropäischen Ländern können Sie beobachten, dass die Ampel auf die Gelbphase verzichten.

Wenn Sie in Frankreich am Straßenverkehr teilnehmen, müssen Sie stets einen Tester für Alkohol mit sich führen.

In den osteuropäischen Ländern müssen Sie zwei Warndreiecke dabei haben, wenn Sie mit einem Wohnwagen unterwegs sind. Außerdem darf der Feuerlöscher im Auto nicht fehlen.

Wenn Sie in Italien mit Ihrem Fahrzeug liegen bleiben, dürfen Sie sich keinesfalls privat abschleppen lassen. Dies ist dort verboten.

In Estland gilt hinsichtlich der Geschwindigkeit eine ganz besondere Regelung. Für alle Personen, die weniger als zwei Jahre im Besitz ihrer Fahrerlaubnis sind, dürfen die maximale Höchstgeschwindigkeit von 90 km/h nicht überschreiten.

In Europa gibt es auf nahezu allen Autobahnen Tempolimits. Deutschland ist das einzige Land, das davon ausgenommen ist. Wenn Sie im Ausland unterwegs sind, sollten Sie selbst bei hellem Tageslicht mit eingeschaltetem Abblendlicht fahren.

Wenn Sie also mit dem Wohnmobil in Europa unterwegs sind, lohnt es sich, über die Regeln in den einzelnen Ländern informiert zu sein. Dies betrifft vorwiegend die Geschwindigkeitsbegrenzungen, die Autobahnnutzung sowie die Ausrüstung, die Sie mit sich führen müssen. Den Versicherungsschutz sollten Sie ebenfalls vorab überprüfen.

GESCHWINDIGKEITSBEGRENZUNGEN

Die zulässige Höchstgeschwindigkeit, im Volksmund auch bekannt als Tempolimit, ist in den Ländern Europas sehr unterschiedlich. Innerorts herrscht in Europa die größte Konformität. In der Regel dürfen Sie sich in allen Ländern Europas innerorts mit 50 km/h fortbewegen. Außerhalb geschlossener Ortschaften sowie auf Autobahnen sind die Geschwindigkeitsbegrenzungen so unterschiedlich wie die Länder selbst.

In Österreich und Portugal sind die Regelungen ähnlich wie in Deutschland. Hier gilt außerorts die zulässige Höchstgeschwindigkeit von 100 km/h.

In Belgien, Bulgarien, Frankreich, Estland, Italien, Griechenland, Lettland, Kroatien, Luxemburg, Litauen, Polen, Slowenien, Slowakei, Ungarn und Tschechien liegt die zulässige Höchstgeschwindigkeit außerhalb geschlossener Ortschaften bei 90 km/h.

Etwas strenger geht es in Dänemark, Finnland, Island, Irland, Liechtenstein, Norwegen, Niederlande, Rumänien, der Schweiz und Spanien zu. Dort liegt die zulässige Höchstgeschwindigkeit außerhalb geschlossener Ortschaften bei lediglich 80 km/h.

In den meisten europäischen Ländern gilt auf Autobahnen die zulässige Höchstgeschwindigkeit von 130 km/h.

Deutschland ist das einzige Land, in dem es keine Geschwindigkeitsbegrenzung auf Autobahnen gibt.

In Spanien, Portugal, Irland, der Schweiz, Belgien und Rumänien dürfen Sie 120 km/h auf Autobahnen fahren.

Die zulässige Höchstgeschwindigkeit auf Autobahnen beträgt in Litauen sowie Russland 110 km/h.

ORIENTIERUNG

Damit sie sich während Ihres Roadtrips perfekt orientieren können, empfiehlt es sich, diverse Apps zu nutzen. Am besten informieren Sie sich im Vorfeld über die Funktion dieser Anwendung. Wenn Sie die App bereits zu Hause auf Ihrem Smartphone installieren, können Sie einerseits Datenvolumen sparen und andererseits prüfen, ob Ihnen diese App überhaupt zusagt. Auf dem Weg zu Ihrem Reiseziel lohnt es sich, das Navigationssystem einzuschalten. Auch wenn Sie ungefähr wissen, wo Sie lang fahren müssen, kann dieses Gerät eine große Hilfe sein. Es zeigt nämlich Staus, Baustellen sowie alternative Strecken an. Außerdem warnt Sie das Navigationssystem, sobald Sie von einer kostenfreien Autobahn auf eine kostenpflichtige Autobahn fahren. So ist es Ihnen noch rechtzeitig möglich, eine Vignette zu kaufen oder eine Alternativstrecke zu wählen.

Die Nutzung von Apps kann Ihnen dabei behilflich sein, einen geeigneten Stellplatz oder eine Tankstelle zu finden.

Der Stellplatzführer von Promobil zeigt per Stellplatzradar Stellplätze in Ihrer Umgebung an. Die App ist kostenlos und zeigt Ihnen neben den Stellplätzen in Ihrer Nähe die Ausstattung der Campingplätze. Außerdem werden diese von echten Campern bewertet.

Eine mittlerweile durchaus beliebte App ist die App Landvergnügen. Hierbei handelte es sich ursprünglich um einen Katalog, der einmal pro Jahr erschienen ist. Diese App zeigt Weingüter, Brauereien, Imkereien und Bauernhöfe an, auf deren Höfen Sie kostenfrei stehen können. Wenn Sie Kontakte zu den Menschen, die in der Region leben, wo Sie Urlaub machen, knüpfen möchten, ist diese App für Sie genau richtig. Ebenfalls bewährt hat sich die App Campercontact. Per GPS kann Ihr Standort lokalisiert werden. Anhand dieser Daten zeigt die App den nächsten Campingplatz in Ihrer Nähe an. Die App kann offline genutzt werden und ist auch in anderen Sprachen verfügbar.

Wenn Sie in Europa mit dem Camper unterwegs sind, lohnt sich die App womo-stellplatz.eu. Hier sind über 10.000 internationale Camping- und Stellplätze aufgelistet. Sie können Campingplätze nach verschiedenen Kriterien suchen. Außerdem werden die nächsten Camping- und Stellplätze in Ihrer Nähe angezeigt. Wenn Sie die App offline nutzen möchten, ist dies nicht mit der kostenlosen Version möglich.

Altbekannt und noch immer beliebt ist die App vom ADAC. Diese App ist jedoch kostenpflichtig. Falls Sie viel reisen, lohnt sich der Kauf auf jeden Fall. Diese App bietet neben zahlreichen Funktionen auf ausgewählten Campingplätzen attraktive Rabatte und Ermäßigungen. Neben der Standort- und Universalsuche mit Navigationsfunktion können Sie die Ergebnisse anhand von bestimmten Kriterien filtern. Die Suche nach dem idealen Campingplatz ist somit so einfach wie noch nie.

Neben einer Stell- und Campingplatz-App kann eine Tankstellen-App ebenfalls sehr nützlich sein. In der Regel zeigen die meisten Navigationssysteme die nächste Tankstelle im Umkreis an. Die Apps Mehr-Tanken, Clever-Tanken sowie ADAC-Spritpreise bieten allerdings den Vorteil, dass hier die Preise für Diesel und Benzin in Echtzeit angezeigt werden. Somit können Sie sich darüber informieren, an welcher Tankstelle der Treibstoff am günstigsten ist. Wer viel fährt, kann so bares Geld sparen. Die App des ADAC kann mit weiteren tollen Features glänzen. So erhalten Sie neben den aktuellen Benzin- und Dieselpreisen ebenfalls Aufschluss darüber, wie hoch die unterwegs anfallenden Mautgebühren sind.

Um die entsprechende Route zu finden, können Sie entweder die standardisierte App auf Ihrem Smartphone oder eine spezielle App nutzen. Die Zeiten, in denen man klobige Straßenatlanten mit sich führte, gehören längst der Vergangenheit an. Die App Here WeGo navigiert Sie überall hin. Sie informiert Sie außerdem über die zulässige Höchstgeschwindigkeit. Diese App lässt sich offline verwenden. Somit können Sie Ihr Datenvolumen sparen.

Eine weitere interessante App ist die App City Maps 2Go. Auch hier sind die detaillierten City Maps offline nutzbar. Selbst ohne Internetverbindung. Und Handyempfang haben Sie Ihre Karte immer unterwegs griffbereit zur Hand. Des Weiteren gibt die App sehenswerte Insider-Tipps für das nächste Ausflugsziel in Ihrer Nähe.

Tipps zum Fahren mit dem Wohnmobil

Campingneulinge machen sich nicht selten Gedanken darüber, ob es nicht schwierig ist, ein Wohnmobil oder ein Gespann zu fahren. Derartige Bedenken hat anfangs nahezu jeder Campingneuling. Jedoch ist das Fahren an sich leichter, als es sich die meisten vorstellen. Solange Sie ein paar Grundregeln beherzigen, wird das Fahren zum Kinderspiel.

Da Sie sich in einer erhöhten Sitzposition befinden, haben Sie das Gefühl, als säßen Sie in einem Pkw. Allerdings müssen Sie sich bei Fahrmanövern auf eine andere Fahrzeugbreite, -höhe sowie -masse einstellen. Der Schwerpunkt eines Wohnmobils oder Wohnanhängers liegt zudem höher als der eines Pkws.

Beim Fahren müssen Sie sich darauf einstellen, dass ein Wohnmobil länger zum Beschleunigen benötigt. Damit Sie Unfälle vermeiden können, ist eine vorausschauende Fahrweise unerlässlich. Seitenwind stellt ebenfalls eine Gefahr dar, da ein Wohnmobil eine größere Angriffsfläche als ein Pkw darstellt. Bei überhöhter Geschwindigkeit in Kurven oder bei einem ungebremsten Spurwechsel kann Kippgefahr drohen. Da die Kippneigung höher als bei einem niedrigen Fahrzeug ist, heißt es aufpassen.

Die drei charakteristischen Fahrfehler bei Einsteigern können vermieden werden. Häufig hat der Fahrer seine Sitzposition falsch eingestellt. Weiterhin wird das Fahrzeug unvorteilhaft beladen und der Fahrer erkennt die fahrphysikalischen Zusammenhänge nicht. Hierzu zählen das Zusammenspiel von Reaktions-, Bremsweg sowie Lastverteilung. Sofern Sie öfter eine Tour mit einem Wohnmobil planen oder erst seit kurzem im Besitz der Fahrerlaubnis sind, lohnt sich die Teilnahme an einem Fahrsicherheitstraining. Dies schult das Gefahrenbewusstsein des Fahrers. Aber auch bereits erfahrene Fahrer sind bei einem Fahrsicherheitstraining gut aufgehoben.

Verschiedene Umfragen haben ergeben, dass die meisten Fahranfänger Angst vor dem Rangieren mit einem Wohnmobil haben. Diese Angst ist jedoch völlig unbegründet, da nahezu jedes Wohnmobil mit nützlichen Hilfsmitteln wie einer 360°-Kamera ausgestattet sind. Überdies verfügt das Fahrzeug an der Fahrzeugfront und am Heck über Sensoren. Diese geben ein Warnsignal ab, sobald das Fahrzeug einem Hindernis zu nahe kommt. Beim Rückwärtsfahren können Sie sich mit einem Sicherungsposten abstimmen. Dieser kann den Verkehr absichern und Ihnen Zeichen geben. Bevor Sie auf engen Campingplätzen mit dem Wohnmobil rangieren, sollten Sie dies zuvor üben.

VERHALTEN BEI STAU

Den An- oder Abreisetag auf einen Samstag oder auf den Beginn der Ferien zu legen, ist keine gute Wahl. Überfüllte Autobahnen und möglicherweise ein stundenlanges Stehen im Stau können das Resultat sein. Die beste Entscheidung ist es, den An- oder Abreisetag in die Mitte der Woche zu legen.

Ein Staukalender kann dabei eine rasche Orientierung bieten. Denn dieser zeigt nämlich die Ferientermine aller Bundesländer an. Außerdem gibt er Auskunft über jene Straßen mit einem hohen Stau-Risiko. Deshalb sollten Sie nicht nur den Tag, sondern auch die Uhrzeit für Ihre An- oder Abreise dem Verkehrsaufkommen anpassen. Wenn Sie zum Urlaubsziel unterwegs sind, herrscht das höchste Verkehrsaufkommen freitags zwischen 13 und 20 Uhr sowie samstags zwischen 9 und 15 Uhr. Ein besonders hohes Verkehrsaufkommen ist auf den Rückreise-Routen freitags zwischen 14 und 19 Uhr, samstags zwischen 11 und 18 Uhr sowie sonntags zwischen 14 und 20 Uhr zu verzeichnen.

Ein Stau auf Ihrer Route kann die entspannte Urlaubsfahrt zu einem regelrechten Alptraum werden lassen. Bei ständigem Stop-and-go steigt Ihr Stresspegel. Sie können Ihren Zeitplan nicht mehr einhalten. Wenn Sie Kinder an Bord haben, werden diese zunehmend quengeliger und die Stimmung droht zu kippen. Aus diesem Grund lohnt es sich, eine Alternativroute im petto zu haben. Denn so können Sie direkt reagieren, wenn im Verkehrsfunk beispielsweise ein Unfall auf Ihrer Route gemeldet wird. Ob Sie von der Autobahn abfahren, wenn Sie bereits im Stau stehen, sollten Sie sich gut überlegen. Statistisch gesehen bringt es Ihnen nämlich keine Zeitersparnis, wenn Sie die Autobahn verlassen und der Stau maximal eine Länge von zehn Kilometern hat.

Damit Sie gar nicht erst in einen Stau gelangen, lohnt es sich, die App StauMobil zu nutzen. Diese leitet Sie gezielt an den derzeitigen Staus im gesamten Straßennetz Deutschlands vorbei. Die Staumeldungen erhält die App regelmäßig aus der Datenbank des ADAC.

Um einen Stau zu vermeiden, sollten sich alle Verkehrsteilnehmer regelkonform verhalten. Das Fahrverhalten spielt nämlich eine entscheidende Rolle in Hinblick auf die Bildung eines Staus. Beim Auffahren auf die Autobahn sollten Sie ausreichend beschleunigen, sodass Sie sich mühelos in den fließenden Verkehr einordnen können. Dabei sollten Sie keine anderen Verkehrsteilnehmer ausbremsen. Geraten Sie doch in einen Stau, halten Sie zunächst die rechte Fahrspur ein. Auch wenn sich dieser kleine Stau dann aufgelöst hat, sollten Sie nicht direkt zum Überholen ausscheren, sondern warten, bis der Verkehr wieder an Geschwindigkeit aufgenommen hat.

Häufig wird ein Stau von Gegenständen verursacht, die auf der Fahrbahn liegen. Deshalb ist eine gute Ladungssicherung besonders wichtig.

Fahrräder und Surfbretter sollten gewissenhaft gesichert werden. Wenn Sie Ihr Hab und Gut während der vollen Fahrt verlieren, wird es schnell zur Gefahr für andere Verkehrsteilnehmer.

Treffen Sie auf eine Baustelle oder auf eine gesperrte Spur, empfiehlt es sich, so lange wie möglich den eigenen Fahrstreifen einzuhalten. Kurz vor Beginn des Hindernisses sollten Sie sich in den anderen Fahrstreifen einfädeln. Der Fahrstreifenwechsel erfolgt im Reißverschlussverfahren. So bleibt der Verkehrsverlauf flüssig und das Staurisiko vor der Engstelle wird verhindert.

Bei einem abrupten Stillstand des Verkehrs schalten Sie sofort Warnblinklicht ein. Nur so können Sie die nachfolgenden Fahrer warnen und ein Auffahrunfall wird vermieden. Bei stehendem Verkehr dürfen Sie nicht aussteigen. Zumindest dann nicht, wenn Sie sich auf einer deutschen Autobahn befinden. Das Absichern einer Unfallstelle stellt die einzige Ausnahme dar. Des Weiteren sollten Sie es unterlassen, den Standstreifen dazu nutzen, um bei Stau Ihre Ausfahrt oder den nächsten Rastplatz schneller zu erreichen. Für dieses Vergehen droht nämlich ein Punkt in Flensburg sowie ein Bußgeld in Höhe von 75 Euro. Falls Sie im Stau rückwärtsfahren oder wenden, müssen Sie mit einer Strafe von bis zu 200 Euro rechnen.

Manchmal meint das Schicksal es einfach nicht gut mit Ihnen und Ihnen gelingt es nicht, den Stau zu umfahren. Wenn Sie mit Kindern reisen, kommt in der Regel schnell Langeweile auf. Karten- oder Denkspiele können die Laune heben und die Kinder beschäftigen. Ein Hörbuch für Kinder kann ebenfalls die Langeweile vertreiben. Auch wenn Sie alleine ohne Kinder reisen, sollten Sie ausreichend Getränke und Snacks mitnehmen. Sofern das Wetter gut ist, können Sie den Stau verlassen, indem Sie auf den nächsten Parkplatz fahren. Hier können Sie eine entspannte Rast einlegen, Ihre Kinder können toben und sich die Beine vertreten.

REISEKRANKHEIT

Wer glaubt, dass man nur auf einem Schiff „seekrank" werden kann, irrt sich. Die Reisekrankheit ist im Flugzeug oder im Auto weit verbreitet. Häufig tritt sie bei Turbulenzen im Flugzeug oder bei kurvenreichen Fahrten auf. Im fachlichen Jargon wird sie Kinetose genannt. Ausgelöst wird sie durch Bewegungsreize, die sich auf den Gleichgewichtssinn auswirken. Müdigkeit, Benommenheit, Schwindel, Schweißausbrüche, Kopfschmerzen, Übelkeit und sogar Erbrechen können mögliche Symptome sein.

Der Körper wird durch einen Widerspruch zwischen der Bewegung und den Eindrücken der Augen überfordert. Das Gleichgewichtsorgan nimmt nämlich eine andere Bewegung wahr, als auf die Augen wirkt. Studien haben ergeben, dass diejenigen, die vor dem Einsetzen der Übelkeit einschlafen, am besten die Reise überstehen. Ist dies nicht möglich, sollten Sie möglichst Lesen vermeiden und selten nach unten sehen. Fixieren Sie am besten am Horizont auf der Straße einen festen Punkt.

Im Auto setzen Sie sich am besten neben den Fahrer. Während und vor der Reise sollten Sie ausschließlich leichte Mahlzeiten zu sich nehmen. Des Weiteren helfen Kaubewegungen dabei, die Übelkeit zu lindern. Neben Kaugummi eignen sich ebenfalls Möhren oder Äpfel für den Verzehr. Ausreichend frische Luft sowie Pausen lindern ebenfalls die Symptome. Sofern Ihre Mitfahrer rauchen, bitte Sie diese, das Rauchen im Fahrzeug zu unterlassen.

Leben auf dem Campingplatz

Für zahlreiche Camper ist der Campingplatz nicht nur ein einfaches Urlaubsdomizil. Der Campingplatz spiegelt ein Stück Heimat wieder. Dies bedeutet, dass hier, auch wie zu Hause, gewisse Verhaltensregeln gelten. Ein Campingplatz ist also kein Raum, wo keine Regeln gelten. Die Bewohner des Campingplatzes sind in der Regel sehr nett, hilfsbereit, unkompliziert und auch entspannt. Damit ein gutes und harmonievolles Miteinander gewährleistet ist, sollten Sie nicht von einem Fettnäpfchen ins nächste treten. Informieren Sie sich vorher über die geltenden Regeln und passen Sie sich ein wenig an diese an. Nur so können Sie sicher gehen, dass Sie auf dem Campingplatz nicht negativ auffallen. Bevor es jedoch soweit ist, müssen Sie zuerst den passende Stell- oder Campingplatz finden.

DEN PASSENDEN STELL- ODER CAMPINGPLATZ FINDEN

Nahezu jeder hat ein Lieblingsziel für seinen Urlaub. Von der Nordsee über die Alpen bis ans Mittelmeer hat jeder seinen Favoriten. Ein Campingurlaub ist durchaus vielseitig und facettenreich. Alte Hasen wissen, worauf Sie achten müssen bei der Suche nach einem passenden Campingplatz. Für Einsteiger birgt dies die eine oder andere Hürde. Die Vielzahl an Stell- oder Campingplätzen kann schnell überfordern.

Damit sie den passenden Stellplatz finden, sollten Sie die Zielregion an den Anfang stellen. Erst danach können Sie ins Feintuning gehen. Die Bedürfnisse der Mitreisenden sind bei der Auswahl maßgeblich. Wenn Sie mit Kindern unterwegs sind, muss der Campingplatz andere Bedürfnisse erfüllen als wenn Sie alleine sind. Die Lage ist neben der Ausstattung ebenfalls bedeutend. Wenn Sie gerne mit dem Rad unterwegs sind, sollte die Umgebung mit einem guten Radwegenetz ausgestattet sein. Wer gerne schwimmen geht, möchte am liebsten in unmittelbarer Nähe einen direkten Zugang zum See. Die Bewertung von anderen Campern kann zudem Aufschluss darüber geben, ob sich ein Besuch des Stell- und Campingplatzes lohnt.

Ob Sie sich für einen Stell- oder Campingplatz entscheiden, hängt von Ihren persönlichen Bedürfnissen ab. Ein Stellplatz ist in der Regel nur für einen kurzen Aufenthalt und ausschließlich für Wohnmobile und Wohnwagen gedacht. Die Varianten sind hier sehr unterschiedlich. Entweder liegt der Platz mitten in der Stadt, ist asphaltiert und mit den einzelnen Parklücken gekennzeichnet oder er befindet sich auf einer Wiese oder im Wald und ist mit Sanitäranlagen, Wasser und Strom ausgestattet. Auf einem Stellplatz finden Sie in der Regel lediglich einen eingeschränkten Service. Personal ist selten oder gar nicht vorhanden.

Der individuelle Platz ist auf einem Stellplatz in der Regel geringer. Auf manchen Stellplätzen ist das Ausfahren der Markise und das Sitzen vor dem Camper nicht erlaubt. Die An- und Abreise kann zu jeder Tages- und Nachtzeit erfolgen. Die Kosten auf einem Stellplatz sind geringer als auf einem Campingplatz. Hier zahlt man lediglich Wasser und Strom. Aus diesem Grund sollten Sie darauf achten, dass Sie viel Kleingeld bei sich haben. Ein Campingplatz eignet sich besser für einen längeren Aufenthalt. Sofern Sie ein oder zwei Wochen ganz entspannt an einem Ort verbringen möchten, sollte die Wahl eher auf einen Campingplatz fallen.

Hier treffen alle Campingarten aufeinander: Vom Zelt über das herkömmliche Wohnmobil bis zum 500.000 Euro-Gefährt. Ein Campingplatz ist immer mit Strom, Wasserver- und Entsorgung sowie Sanitäranlagen ausgestattet. Nicht selten bietet ein Campingplatz weitere Attraktionen wie einen Pool, Sport- und Spielplatz oder diverse Shops. Mietautos sind hier ebenfalls in großen touristischen Gebieten erhältlich. Denn niemand möchte für jede kleine Fahrt das Wohnmobil aus seiner Parzelle manövrieren. Auf manchen Campingplätzen können Sie sich online bereits im Vorfeld Ihre gewünschte Parzelle reservieren. Die An- und Abmeldung erfolgt an einer Rezeption. Die Parzellen sind sehr facettenreich. Die Campingplätze haben kleine Parzellen ohne Wasser- und Stromversorgung einerseits zu bieten. Andererseits finden Sie dort auch Parzellen mit Meerblick, einem eigenen Badezimmer und mit einer Größe bis zu 100 qm. Grundsätzlich ist auf Campingplätzen alles erlaubt. Jedoch sollten Sie die Mittagsruhe einhalten und sich informieren, ob Sie grillen oder ein offenes Feuer machen dürfen.

Für die Reiseplanung sind Stellplatz- und Campingführer unverzichtbar. Der Stellplatzführer Landvergnügen bietet Stellplätze im ländlichen Raum. Auch der ADAC sowie der Campingführer ACSI führen zahlreiche Campingplätze auf. Schauen Sie sich bei der Suche ruhig die Userbewertungen an. So erfahren Sie, ob sich ein Besuch des Campingplatzes tatsächlich lohnt. Allerdings sollten Sie hier differenzieren. Notorische Nörgler gibt es überall. Dennoch eignen sich Userbewertungen, um sich ein Bild von den Verhältnissen auf dem Stell- oder Campingplatz zu machen.

Das Portal camping.info hat sich als sehr nützlich erwiesen. Die Bewertungen sind detailliert und mit Fotos oder Videos unterlegt. So können Sie sich selbst ein Bild über den Campingplatz machen und ein Foto sagt häufig doch mehr als tausend Worte. So können Sie sehen, wie es auf dem Campingplatz tatsächlich aussieht. Die Bewertungen erfolgen mit einem bis fünf Sterne. Dort können Sie sehen, ob der Campingplatz zu Ihren Interessen passt. Wie beispielsweise Sanitäranlagen, Lage, Verpflegung, Preis-Leistungs-Verhältnis, etc. Zudem verfügt jeder Campingplatz über ein eigenes Profil. Hier finden Sie eine Kurzbeschreibung, die Sterneklassifizierung sowie einen Vergleichspreis. Dies hilft dabei, einzuschätzen, ob der Campingplatz zu Ihrem Budget passt.

DIE ANKUNFT

Das Leben auf dem Campingplatz klingt zunächst nach Selbstbestimmtheit und Freiheit. Allerdings sollten Sie dennoch ein paar Regeln für ein angenehmes Miteinander beachten. Bei der Anreise empfiehlt es sich, darauf zu achten, zu humanen Zeiten am Campingplatz anzukommen. Informieren Sie sich auf jeden Fall im Internet oder telefonisch, wie lange der Campingplatz geöffnet hat. Denn möglicherweise schließt der Check-In zwischen 21 und 22 Uhr.

Wenn Sie also unerwartet in einen Stau geraten oder es abzusehen ist, dass sich Ihre Ankunftszeit verzögert, scheuen Sie sich nicht und greifen Sie zum Telefon. Häufig ist der Service auf den Campingplätzen so gut, dass man auf Sie wartet, bevor die Schranke geschlossen wird. Wenn Sie auf dem Campingplatz anreisen, sollten Sie sich möglichst ruhig verhalten. Nicht nur am Abend ist es nervig, wenn andere Camper herumschreien, den Motor laufen lassen und die anderen bei ihrer Ruhe stören. Wenn Sie sich auf Ihren Stellplatz stellen, achten Sie darauf, dass Sie nicht ewig in der Parklücke hin und her rangieren.

Nötigenfalls bitten Sie einen anderen Camper, Sie einzuweisen. Denn kaum etwas stört die anderen mehr, als ewig im Mief des Auspuffs sitzen zu müssen. Achten Sie deshalb darauf, dass Sie den Motor nach dem Parken abstellen. Die Suche nach dem Stromkasten, das Verlegen des Stromkabels und das Herausfahren der Markise funktioniert auch ohne einen laufenden Motor. Wenn Sie erst spät den Campingplatz erreichen, achten Sie darauf, sich möglichst ruhig zu verhalten.

Verkehrt herum parken ist neben dem laufenden Motor ebenfalls ein No Go. Wenn Ihr Blick über einen Campingplatz schweift, werden Sie immer einen Camper finden, der mit seinem Wohnmobil verkehrt herum parkt. Wenn der Platz verhältnismäßig leer ist, stellt dies kein Problem dar. Sobald es aber auf dem Platz enger wird, sollte man darauf verzichten. Sofern alle in der richtigen Position parken, können alle problemlos ihre Markise ausfahren und sich eine kleine Terrasse vor dem Camper herrichten. Die Terrasse befindet sich immer auf der Beifahrerseite des Wohnmobils. Somit hat jeder ein Stück Privatsphäre. Je voller ein Campingplatz belegt ist, desto weniger Platz zum Ausfahren der Markise ist vorhanden. Wenn sich nun ein Camper verkehrt herum stellt, befinden sich zwei Markisen direkt nebeneinander. Und an dieser Stelle ist fraglich, ob die anderen Camper auf ihre Privatsphäre verzichten möchten. Deshalb sollten Sie sich vor dem Parken vergewissern, in welche Richtung die anderen Wohnmobile parken. So ist eine harmonische Nachbarschaft garantiert.

DIE EIGENE PARZELLE - EIN ORT DER ERHOLUNG

Die Parzelle ist der Stellplatz auf einem Campingplatz. Im Prinzip ist sie nichts anderes als ein kleines, vermessenes Grundstück. Dieses mieten Sie für den Aufenthalt auf Ihrem Campingplatz an. Auch beim Dauercamping wird Ihnen diese Parzelle dauerhaft zugeteilt. Meist weisen die Parzellen eine Größe von 70 bis 150 qm auf. Allerdings kann die Größe auch etwas abweichen. Hier kommt es auf den Campingplatz an. Somit bestätigen Ausnahmen die Regel.

Achten Sie unbedingt darauf, dass Sie eine ausreichend große Parzelle wählen. Denn besonders wenn Sie über den gesamten Urlaub auf dem gleichen Campingplatz bleiben möchten, darf die Parzelle nicht zu klein sein. Wenn Sie mit einem Wohnwagen reisen und Ihr Auto ebenfalls in der Parzelle Platz finden muss, können 100 qm unter Umständen zu klein sein. Dies sollten Sie im Vorfeld überprüfen. Wie die Parzelle ausgestattet ist, hängt von den jeweiligen Campingplätzen ab. Manche Parzellen mitten in den Dünen verfügen lediglich über einen eigenen Stromanschluss. Auf einem luxuriösen Campingplatz hingegen sind die

Parzellen teilweise mit eigenen Sanitäranlagen, Kabelanschluss und WLAN ausgestattet. Das Mittelmaß ist zumindest ein eigener Strom-, Frisch- sowie Abwasseranschluss. Wenn Sie über einen längeren Zeitraum auf einem Campingplatz verweilen, sollten Sie darauf achten, dass Ihre Parzelle zumindest mit einem eigenen Strom-, Frisch- sowie Abwasseranschluss ausgestattet ist. So kann Ihr Wohnmobil in der Parzelle verbleiben und Sie müssen nicht zu einer zentralen Stelle auf dem Campingplatz fahren, um das Wasser aufzufüllen.

Den gesamten Urlaub auf dem gleichen Campingplatz zu verbringen, kann zahlreiche Vorteile haben. So können Sie sich in Ihrer eigenen Parzelle ganz wie zu Hause fühlen. In der Regel sind die Parzellen deutlich voneinander abgetrennt, sodass nur Sie Zugang zu Ihrer Parzelle haben. Campingstühle und Fahrräder müssen Sie nicht jeden Abend wieder in Ihrem Fahrzeug verstauen. Wenn Sie mit Kindern unterwegs sind, können Sie in Ihrer Parzelle ebenfalls mühelos ein Planschbecken aufbauen. Dies ist bei kleineren Kindern vorteilhaft, wenn diese noch nicht alleine schwimmen können oder Ihr Campingplatz keinen direkten Zugang zum See hat.

VERHALTEN GEGENÜBER ANDEREN CAMPERN

Häufig wirken manche Dauercamper-Nachbarn in wenig grummelig oder sogar eigenbrötlerisch. Dies bedeutet aber nicht, dass sie nicht auch an einem harmonievollen Miteinander interessiert sind. Seien Sie offen und gehen Sie auf die anderen Camper zu. Eigeninitiative ist der Anfang. Ein herzliches „Guten Morgen“ hat noch niemandem geschadet. So werden Ihnen die anderen Camper den Rest des Tages freundlich gegenübertreten. Nach kurzer Zeit wird die schüchterne Fassade anfangen zu bröckeln. Da die meisten Camper in der Regel offene Menschen sind, wird es nicht lange dauern, bis Sie ebenfalls zu einem kühlen Bier eingeladen werden. Wenn im Laufe der Zeit neue Camper anreisen, können

Sie diesen auch mit Rat und Tat zur Seite stehen und die Neuen in Ihre Runde aufnehmen.

Auf dem Campingplatz ist Abstand die neue Nähe. Zwar sind einige Stellplätze oder Parzellen etwas beengter, allerdings sollten Sie dennoch darauf achten, dass zwischen Ihrem und dem Wohnmobil der anderen ausreichend Platz vorhanden ist. Fast niemand möchte Wand an Wand mit dem Wohnmobil des Nachbarn stehen. Auch wenn Sie selbst dieser Umstand nicht stört, respektieren Sie den Wunsch nach Abstand des Anderen. Nur so kann sich jeder in seiner Parzelle wohlfühlen.

Sobald Sie auf andere Rücksicht nehmen, wird man auf Sie ebenfalls Rücksicht nehmen. Des Weiteren sollten Sie die Parzellen der anderen Camper nicht betreten. Die Wege auf dem Campingplatz können auch mal etwas länger sein. Dennoch sollten Sie auf den offiziellen Wegen bleiben und nicht durch den Vorgarten des anderen abkürzen. Besonders Dauercamper haben ihren Vorgarten liebevoll gestaltet. Sie fühlen sich auf dem Campingplatz zu Hause und deshalb muss es nicht sein, rücksichtslos durch die liebevoll angelegten Beete und aufgestellten Gartenzwerge zu gehen.

Der Urlaub mit Kindern ist auf einem Campingplatz relativ unkompliziert. Hier können sich die Kleinen frei bewegen und nach Lust und Laune spielen. Der Campingplatz stellt ein wahres Paradies für abenteuerlustige Kinder dar. Passen Sie allerdings auf, wenn Ihre Kinder direkt neben dem Wohnmobil in der Parzelle spielen. Frisbees oder Bälle fliegen schnell von ihrer Parzelle über den Zaun in die des Nachbarn.

Passen Sie auf, dass Sie hier nicht schon direkt in ein Fettnäpfchen treten. Denn kaum etwas ist peinlicher, als wenn direkt am ersten Tag der Ball Ihres Kindes am Kopf oder auf dem Teller Ihres Nachbarn landet. Für derartige Aktivitäten eignet sich der Spielplatz besser. Hier können Ihre Kinder nach Herzenslust spielen und toben. Aber auch die

Benutzung des Spielplatzes ist an feste Regeln gebunden. Denn abends schließt der Spielplatz seinen Spielbetrieb, damit die anderen Camper nicht bis spät in den Abend hinein von Kindergeschrei gestört werden. In den Abendstunden bleibt Ihnen nichts anderes übrig, als Ihre Kinder vor oder in Ihrer Parzelle spielen zu lassen. Halten Sie am besten Ihre Kinder zur Ruhe an. Falls Ihre Nachbarn selbst Kinder haben, sollte es keine Probleme geben. In der Regel fühlen sich die wenigsten Camper durch spielende Kinder gestört. Denn wer kann sich nicht an seine eigene Kindheit und die Aufregung auf Reisen erinnern?

Ein Hauptstreitpunkt auf dem Campingplatz ist die Müllentsorgung. Nicht nur beim Wildcampen, sondern auch auf dem Campingplatz gehört es zum guten Ton, seinen Müll ordnungsgemäß zu entsorgen. So sollten Sie bereits während Ihres Aufenthalts Rücksicht auf andere Camper nehmen. Vor allem in den Waschräumen sollten Sie darauf achten, dass Sie diese so hinterlassen, wie Sie sie vorgefunden haben. Eine Toilettenbürste dient nicht nur zur Dekoration. Shampoo- und Seifenreste werden am besten im Abfluss weggespült und den Boden sollten Sie mit einem Wischer trocken wischen. Für die anderen Camper ist es nämlich angenehmer, wenn sie einen trockenen Boden vor der Dusche vorfinden. Auch in den Sanitäranlagen gehört der Müll in die dafür vorgesehenen Mülleimer. Sobald sich alle Camper an diese Regeln halten, werden sich alle wohl fühlen.

Beim Abreisetag sollten Sie nicht nur Ihren eigenen Müll entsorgen, sondern auch die Parzelle ohne Gerümpel hinterlassen. Hinterlassen Sie die Parzelle so, wie Sie sie vorgefunden habe bei Ihrer Anreise.

Sicher gibt es auf dem Campingplatz die eine oder andere Regel. Dennoch sollten Sie gelegentlich ein Auge zudrücken. Wenn Ihre Nachbarn auf dem Campingplatz zu einer geselligen Runde eingeladen haben, sollten Sie sich nicht an der Lautstärke stören. Niemand verhält sich immer perfekt und vorbildlich. Möglicherweise hatten Sie selbst erst

Besuch in Ihrer Parzelle, bei dem mit jedem Getränk der Lautstärkepegel anstieg. Oder Ihre Kinder haben zu relativ früher Stunde bereits auf dem Weg vor der Parzelle gespielt. Wenn Sie die Lautstärke der Nachbarn wirklich enorm stört, können Ohropax Abhilfe schaffen. Denn bei einem derartig engen Zusammenleben auf einem Campingplatz ist es kaum möglich, nichts von seinen Nachbarn mitzubekommen.

Mit einem Campingurlaub assoziieren zahlreiche Menschen Lagerfeuerromantik und Gitarrenmusik. Allerdings ist nicht auf jedem Campingplatz eine Feuerstelle oder sogar ein hauseigener Gitarrenspieler vorhanden. Dies nehmen einige Camper zum Anlass, um selbst ihrem Hobby, der Musik, zu frönen. Grundsätzlich ist dies kein Problem, jedoch sollten Sie daran denken, dass nicht jeder Ihren Musikgeschmack sowie Ihr Lautstärkeempfinden teilt. Spätestens zum Einsetzen der Nachtruhe sollten Sie deshalb auf laute Musik verzichten. Und während der Mittagsruhe ist es ebenfalls für das harmonische Miteinander besser, die Lautstärke ein wenig nach unten zu regeln.

Auf den meisten Campingplätzen ist das Mitnehmen eines Hundes gestattet. Jedoch sollten Sie aufpassen, dass Ihr Vierbeiner nicht überall sein Geschäft verrichtet. Denn niemand möchte zum Sanitärgebäude gerne Slalom um die Tretminen der Hunde der anderen Camper laufen. Passen Sie deshalb auf, dass Sie immer eine Hundetüte mit sich führen und somit hinter Ihrem Hund aufräumen können. Die meisten Campingplätze bieten in der Nähe der Mülleimer gratis Hundetüten an. Sobald Sie beherzt die Häufchen ihres Vierbeiners einsammeln, werden Sie der Liebling Ihrer Nachbarn sein.

Diejenigen, die zum ersten Mal Urlaub auf einem Campingplatz machen, sollten sich den Regeln und Strukturen fügen. So ist es problemlos möglich, einen entspannten Urlaub zu verbringen. Denn nicht umsonst handelt es sich bei einem Campingplatz um einen der tolerantesten und schönsten Orte der Welt.

Wildcampen

Nicht alle Campingbegeisterten möchten ihren gesamten Urlaub auf einem einzigen Campingplatz verbringen. Gerade bei einem Roadtrip ist es sehr verlockend, einfach irgendwo, wo es schön ist, anzuhalten und das Nachtquartier aufzuschlagen. Eine Nacht unter freiem Himmel oder im Zelt zu verbringen, ist für viele Camper ein Traum. In Deutschland ist es allerdings nicht immer ganz legal, fernab der Stell- oder Campingplätze mit dem Wohnmobil zu übernachten.

Da „wildes Campen" nicht erlaubt ist, stößt man auf rechtliche Grauzonen in Deutschland. Die Regelung im Einzelnen ist allerdings Sache der Länder. Dies bedeutet, dass Sie sich mit den Gesetzen und Regelungen des jeweiligen Bundeslandes auseinandersetzen müssen, in dem Sie unterwegs sind und beabsichtigen, wild zu campen. Hierbei ist es nicht relevant, ob Sie der Tier- und Pflanzenwelt einen Schaden hinzufügen. Zelte und Wohnmobile werden im freien Feld, Wald oder auf der Wiese nicht gerne gesehen.

In Europa gibt es ebenfalls keine einheitliche Regelung. Fakt ist jedoch, dass das Wildcampen einer starken Reglementierung unterliegt. Damit Sie nicht in Bedrängnis geraten und Ärger mit den Ordnungshütern riskieren, sollten Sie sich im Vorfeld darüber informieren, was genau erlaubt ist.

Entscheidend ist zunächst die Frage, ob es sich um campen oder biwakieren handelt. Denn hier liegt der beträchtliche Unterschied. In Deutschland ist es beispielsweise verboten, ein Zelt für eine Nacht im Wald, Feld oder der Wiese aufzustellen. Allerdings ist das Biwakieren nicht ausdrücklich durch ein Gesetz geregelt. Wenn Sie also ein Biwak errichten, das aus Isomatte und Schlafsack besteht, bewegen Sie sich hier in einer rechtlichen Grauzone. Das Biwakieren ist weder verboten noch erlaubt.

Die baltischen Staaten Estland, Lettland und Litauen erlauben das Wildcampen. Hier dürfen Sie außerhalb von privaten Grundstücken, Naturschutzgebieten und Nationalparks zelten. Sie müssen lediglich gewisse Verhaltensgrundsätze beachten. Beim Wildcampen sollten Sie darauf achten, dass Sie der Natur keinen Schaden zufügen und Sie die Pflanzenwelt nicht stören. Zwar ist das Wildcampen im gesamten Baltikum erlaubt. Dennoch kann es zu temporären oder regionalen Einschränkungen kommen. Deshalb sollten Sie sich im Vorfeld informieren.

Für Wildcamper stellt Skandinavien ein wahres Paradies dar. Dort gilt das Jedermannsrecht, das besagt, dass Zelten und Biwakieren erlaubt ist. Landwirtschaftlich genutzte Flächen sind davon jedoch ausgenommen. Des Weiteren sollten Sie beachten, dass Sie Ihr Zelt nicht in der Nähe einzelner Häuser oder Siedlungen aufstellen oder mit Ihrem Wohnmobil dort parken. In Norwegen ist es hingegen erlaubt, auf einem Privatgrundstück mit mindestens 150 Meter zu den umliegenden, bewohnten Häusern für maximal zwei Tage zu campen.

Strengere Regeln hinsichtlich des Wildcampens gelten in Nationalparks sowie Naturschutzgebieten. Grundsätzlich ist jedoch zu sagen, dass Sie in allen Gebieten, in denen das Jedermannsrecht gilt, bis zu zwei Tagen wild campen dürfen. Achten Sie aber darauf, dass Sie den Ort wieder so hinterlassen, wie Sie ihn vorgefunden haben und Ihren Müll wieder mitnehmen.

In Großbritannien ist das Wildcampen ebenfalls nicht einheitlich geregelt. In England, Schottland und Wales gelten keine einheitlichen Gesetze. Allerdings dürfen Sie in Schottland wild campen. Dabei sollten Sie jedoch den verbindlichen Verhaltenskodex „Scottish outdoor access

code" einhalten, in dem die Dos und Don'ts festgehalten sind. Allerdings unterliegen auch in Schottland Privatgrundstücke oder Naturschutzgebiete besonderen Regelungen.

In Dänemark ist das Wildcampen grundsätzlich verboten. In touristischen Gebieten müssen Sie vermehrt mit Kontrollen rechnen. Auch eine Geldstrafe ist nicht ausgeschlossen. Jedoch bietet Dänemark auch zahlreiche Orte, an denen Sie außerhalb eines offiziellen Campingplatzes campen dürfen. So dürfen Sie beispielsweise im Wald legal zelten. Aber auch dort sollten Sie sich an die Regeln halten. Diese besagen, dass Sie lediglich eine Nacht am gleichen Ort verweilen dürfen. Außerdem dürfen Sie maximal zwei kleine Zelte außerhalb der Sichtweite von Häusern aufstellen. Offenes Feuer ist auf Grund der Waldbrandgefahr nur an geeigneten Feuerstellen erlaubt.

Falls Sie es ein wenig komfortabler mögen, aber auf den Flair von Wildcamping nicht verzichten möchten, können Sie auf ausgewiesene Naturlagerplätze zurückgreifen. Hier finden Sie fließendes Wasser sowie einige Feuerstellen.

Die Niederlande und Belgien handhaben das Wildcampen ähnlich wie Dänemark. Dort dürfen Sie auch nicht einfach irgendwo in der Pampa Ihr Wohnmobil hinstellen oder Ihr Zelt aufstellen. Andernfalls droht eine Geldstrafe. Wenn Sie dennoch nicht darauf verzichten möchten, Ihr Lager in der freien Natur zu errichten, müssen Sie das auch nicht: das Pfahlcampen, auch als Paalkamperen bezeichnet, bietet Ihnen diese Möglichkeit. Sie erkennen die Gebiete, in denen Sie fernab von legalen Campingplätzen Ihr Nachtquartier aufschlagen dürfen, an dem Pfahl mit einem Hinweisschild. Rund zehn Meter um diesen Pfahl herum dürfen Sie campen. Hierbei müssen Sie beachten, dass Sie nicht länger als drei Tage am gleichen Ort zelten dürfen. Überdies dürfen Sie lediglich maximal drei Zelte gleichzeitig aufstellen. Offenes Feuer ist an jedem Platz unzulässig und auch Ihren Müll dürfen Sie dort nicht entsorgen.

In Frankreich gelten hinsichtlich des Wildcampens ähnliche Regeln wie in Deutschland. An der Küste und in den touristischen Ballungs-zentren müssen Sie verstärkt mit Kontrollen rechnen. Allerdings haben einige Gemeinden gewisse Areale freigegeben, damit die Touristen dort wild campen können. Am besten informieren Sie sich beim Rathaus, auf welchen Arealen das Wildcampen gestattet ist. Aber auch hier gilt die zeitliche Begrenzung für eine Nacht. In Nationalparks hingegen ist das Campen, aber nicht das Biwakieren verboten.

Die Schweiz und Österreich handhaben das Verbot hinsichtlich des Wildcampens ähnlich. In der Schweiz kann jeder Kanton selbst regeln, ob das Wildcampen zulässig ist. Jedoch ist in Naturschutzgebieten das Wildcampen grundsätzlich verboten. Außerdem sollten Sie sich von Auen, Wäldern und Feuchtgebieten fernhalten. Oberhalb der Waldgrenze, in felsigem Gelände sowie auf alpinen Weiden ist das Wildcampen gestattet.

In Italien ist das Wildcampen und das Biwakieren verboten. Besonders in den touristischen Gegenden müssen Sie mit strengen Kontrollen und sehr hohen Geldstrafen rechnen.

Grundsätzlich ist es in Europa noch möglich, irgendwo in der Wildnis sein Lager aufzuschlagen. Allerdings sollten Sie sich im Vorfeld genau informieren, wo das Wildcampen erlaubt ist. Andernfalls müssen Sie mit Sanktionen rechnen.

Nützliche Tipps und Tricks

Diejenigen, die mit dem Wohnmobil zu einem Roadtrip aufbrechen, sind stets der Witterung ausgesetzt. Leider können Sie sich das Wetter nicht aussuchen, sodass Sie unter Umständen auch mal ein paar Regentagen ausgesetzt sind. Dies bedeutet aber nicht, dass es Grund für schlechte Laune gibt. Es gibt nämlich kein schlechtes Wetter, sondern nur schlechte Kleidung. Auch bei Regen können Sie draußen einiges erkunden. So können Sie entweder Sport machen oder zu einem langen Spaziergang aufbrechen. Schließlich wirkt sich frische Luft positiv auf Ihre körperliche und geistige Gesundheit aus.

Je nachdem, wo Sie einen Zwischenstopp einlegen, gibt es mit Sicherheit einige interessante Möglichkeiten, sich drinnen zu beschäftigen. Ein Museumsbesuch oder auch der Besuch einer Therme können interessant sein.

Wenn Sie die Zeit lieber im Wohnmobil verbringen möchten, ist dies auch problemlos möglich. So können Sie sich beispielsweise mit einem Karten- oder Brettspiel die Zeit vertreiben. Im alltäglichen Leben fehlen für derartige Aktivitäten häufig die Zeit. Mit Spielen die Zeit zu vertreiben, sorgt nicht nur bei Kindern für Spaß. Aber auch ein gutes Buch lesen oder einen Film schauen kann den verregneten Tag rasch vorbei gehen lassen.

Beim Packen für den Campingurlaub denken die meisten an alle möglichen nützlichen Dinge. Eine wesentliche Sache wird allerdings häufig vergessen, und zwar die Lebensmittel. Bei einem Campingurlaub müssen Sie sich selbst um Ihre Verpflegung bemühen. Zwar können Sie auf den Campingplätzen meistens einen kleinen Laden finden. Hier sind die Preise aber häufig gesalzen. Damit Sie Ihre Urlaubskasse schonen und nur wenig Geld für die Verpflegung ausgeben müssen, sollte Sie bereits zu Hause vorsorgen. Grundnahrungsmittel wie Reis, Nudeln, Kartoffeln oder Brot sollten Sie auf jeden Fall dabei haben. Verschiedene Konserven eignen sich ebenfalls bestens für den kleinen Hunger. Die meisten Wohnmobile und Camper sind mit einem Kühlschrank ausgestattet, sodass Sie auch hier alles für eine Brotzeit aufbewahren können. Wenn Sie sich dazu entschließen, in Ihrem Wohnmobil zu kochen, wählen Sie am besten einfache Rezepte mit wenig Zutaten. Da Sie nämlich meistens nur zwei Kochplatten zur Verfügung haben, sind aufwendigere Gerichte strategisch schwierig zuzubereiten.

Einige Camper werden besonders in den Sommermonaten von Müllgeruch geplagt. Sobald der Müll nicht direkt entsorgt werden kann, entwickelt er bei Wärme schnell unangenehme Gerüche. Um diese Geruchsbildung zu verhindern, können Sie eine Slipeinlage verwenden. Diese kleben Sie auf den Boden oder in den Deckel des Mülleimers. Vorher beträufeln Sie diese mit ein wenig Raumspray, Duftöl oder Allzweckreiniger.

Damit Ihr Müll sicher verstaut ist, sollten Sie bei der Wahl der Müllbeutel nicht sparen. Auf zahlreichen Campingplätzen ist die Müllentsorgung an einer zentralen Stelle und der Weg dorthin kann lang sein. Achten Sie aus diesem Grund darauf, dass Sie etwas teurere Müllbeutel verwenden, die nicht sofort reißen.

Nützliches Zubehör, das auf keinen Fall fehlen darf, sind zwei Unterlegkeile. Denn je nachdem, für welchen Campingplatz Sie sich entscheiden, ist der Boden nicht immer komplett eben. Dass das Wohnmobil ein wenig schief steht, fällt Ihnen häufig erst dann auf, wenn Sie nicht gerade im Bett liegen oder das Wasser aus der Spüle nicht richtig abläuft. Die Unterlegkeile legen Sie unter die Räder. Eine kleine Wasserwaage kann Ihnen dabei helfen, das Fahrzeug gerade zu parken.

Ein nützliches Utensil kann eine faltbare Schüssel sein. Sofern Sie dauerhaft auf einem Campingplatz parken, sollten Sie darauf verzichten, Ihr Geschirr in der Spüle des Wohnmobils zu waschen. Andernfalls laufen Sie Gefahr, dass das Abwasserrohr durch Fettablagerungen und Essensreste verstopft. Aus diesem Grund lohnt es sich, das schmutzige Geschirr in einer zusammenfaltbaren Schüssel zu sammeln. Dort können Sie es abspülen und das Wasser direkt draußen entsorgen.

Wenn Sie länger als ein paar Tage mit dem Wohnmobil unterwegs sein möchten, sollten Sie eine Wäscheleine dabei haben. Je nachdem, wo Sie mit Ihrem Wohnmobil parken, können Sie die Wäscheleine zwischen Ihrem Fahrzeug und einem Baum spannen. Außerdem bietet der Markt eine Konstruktion, die Sie von außen am Fenster des Wohnmobils befestigen. Hier können Sie dann Ihre Wäsche wie auf einer Wäscheleine zu Hause aufhängen. Eine Wäscheleine lohnt sich in jedem Fall, um Handtücher oder Sportsachen trocknen zu lassen.

Schluss

Abschließend ist zu sagen, dass die Camping-Branche nicht umsonst einen regelrechten Boom erlebt hat. Immer mehr Menschen wollen den Traum von grenzenloser Freiheit leben. Campen ist so einfach und unkompliziert wie noch nie. Nicht umsonst sind mittlerweile rund 450.000 Reisemobile in Deutschland zugelassen. Die Tendenz ist steigend. Sobald Sie mit einem Wohnmobil unterwegs sind, erleben Sie ein großes Maß an Flexibilität. Sie können selbst entscheiden, an welchem Ort Sie täglich aufwachen und ob Sie das tägliche Umfeld verlassen möchten.

Aber auch eine Reise mit einem Wohnmobil bedarf einiges an Planung. Sofern Sie nicht selbst stolzer Besitzer eines derartigen Gefährts sind, müssen Sie sich zunächst ein Wohnmobil mieten. Hierbei empfiehlt sich eine Beratung. Nur so könnten Sie sicher gehen, dass das Fahrzeug zu Ihren Bedürfnissen passt.

Des Weiteren ist es notwendig, die Route zu planen und nicht einfach so ins Blaue hineinzufahren. Das Reiseziel im Vorfeld festzulegen, ist hinsichtlich Ihrer Packliste wichtig. Denn wenn Sie sich für eine Route durch warme Länder entscheiden, können Ihre Wintersachen zu Hause im Schrank bleiben. Mehr als 200 Kilometer sollten Sie täglich ebenfalls nicht zurücklegen. Denn lange Fahrten arten häufig in Stress aus. Überdies bleibt Ihnen keine Zeit mehr, um Ihr Reiseziel zu erkunden, wenn Sie den ganzen Tag nur auf der Straße unterwegs sind.

Eine Packliste kann selbst alten Hasen dabei helfen, nichts zu vergessen. Mit zu viel Gepäck zu reisen, ist ein No Go, die Hälfte vergessen allerdings auch. Wenn Sie einmal eine Packliste erstellt haben, können Sie diese für weitere Reisen immer wieder verwenden. Dauert Ihr

Roadtrip länger, sollten Sie auch zu Hause vorsorgen. Zeitschriftenabos abbestellen, die Heizung abdrehen und die Lebensmittelvorräte vor Reiseantritt aufbrauchen, schont langfristig den Geldbeutel.

Beim Packen Ihres Wohnmobils müssen Sie zwingend die Grundsätze der Ladungssicherung beachten. Verstauen Sie jegliche Gegenstände sicher, sodass nichts lose im Wohnmobil herumliegt. Schwere Dinge verstauen Sie am besten unten. Leichte Dinge finden oben in den Schubfächern besser Platz. Weiterhin dürfen Sie Ihr Wohnmobil nicht überladen. Die zulässige Gesamtmasse darf nicht überschritten werden. Campingneulinge sollten Ihr Fahrzeug beim TÜV oder der Dekra wiegen lassen, da ihnen häufig das Gespür für das richtige Gewicht fehlt.

Sobald Sie mit Ihrem Wohnmobil ins Ausland fahren, lohnt es sich, sich im Vorfeld über die dort geltenden Verkehrsregeln zu informieren und ob beim Benutzen der Autobahn Maut fällig wird. Andernfalls kann dies für Sie teuer enden.

Falls Sie ein eigenes Wohnmobil besitzen, warten vor und nach der Fahrt noch einige anfallende Arbeiten auf Sie. Somit muss das Wohnmobil gereinigt und gewartet werden. Die wichtigsten Überprüfungen hinsichtlich Umweltschutz, Verkehrssicherheit und Sicherheit der Gas-Anlage sollten Sie nicht auf die leichte Schulter nehmen. Überdies lohnt es sich, das Wohnmobil regelmäßig zu pflegen. Andernfalls befindet es sich nach einigen Jahren in einem desolaten Zustand.

Wenn das Gefährt Ihr Eigentum ist, können Sie es von innen nach Herzenslust ausstatten. Zusätzliche Halter und Konstruktionen schaffen einen größeren Stauraum. Außerdem macht die Dekoration das Wohnmobil von innen noch gemütlicher.

Wenn die Saison beendet ist, sollten Sie für das Überwintern Ihres Wohnmobils einen Platz auf einem Privatgrundstück suchen. Hier können Sie entweder ein Saisonkennzeichen bevorzugen oder eine beitragsfreie Ruheversicherung. Entscheiden Sie sich am besten für eine der beiden Möglichkeiten, um viel Geld zu sparen. Viele Camper finden auf dem Campingplatz ihr zweites Zuhause. Deshalb versuchen die meisten, so lange wie möglich noch auf Reisen zu gehen. Auf Campingplätzen haben sich so einige echte Freundschaften entwickelt. Für Campingneulinge kann es anfangs schwierig sein, die Regeln auf dem Campingplatz zu durchblicken. Jedoch werden Sie in der Regel liebevoll aufgenommen. Sofern sich alle an die Regeln halten, ist ein lockeres, freundschaftliches Miteinander möglich. Nicht umsonst wird Campern nachgesagt, dass sie unkompliziert und locker sind.

Wer einmal mit einem Wohnmobil verreist ist, möchte diese Art zu reisen meistens nie mehr missen. Die Freiheit und Flexibilität macht Camping zu etwas ganz Besonderem. An jedem Ort in Deutschland, Europa oder auf der Welt können Sie sich zu Hause fühlen. Sie haben ihr Mobil Home mit Ihren persönlichen Gegenständen immer bei sich und sind von nichts und niemandem abhängig. Nicht umsonst entscheiden sich zahlreiche Menschen, als Dauercamper so viel ihrer freien Zeit wie möglich auf einem Campingplatz zu verbringen.

Bonus: Checklisten

GRUNDAUSRÜSTUNG FÜR WOHNWAGEN UND WOHNMOBIL

- Ersatzschlüssel
- Ersatzrad
- Abschleppseil
- Gültige HU/AU
- Parkscheibe
- Kühlmittelstab
- Ölstab
- Motoröl
- Kühlflüssigkeit
- Scheibenwischerflüssigkeit
- Reservekanister
- Starthilfekabel
- Warndreieck
- Wagenheber
- Warnwesten
- Ersatzbirnen
- Schläuche für Wasseranschlüsse
- Sicherungen und Ersatzsicherungen
- Spannungswandler
- Kabeltrommel
- Antennenkabel
- Ausgleichskeile
- CEE Adapter
- Isolierband
- Vorzelt
- Spannstange
- Markisenkurbel
- Standstützen
- Heringe
- Trittstufe
- Planen
- Abwasserbehälter
- Abwasserschlauch
- Schranktüren-Verschlüsse
- Klimaanlage/Heizanlage

GRUNDAUSRÜSTUNG FÜR ZELTE

- Zelt und Zelttasche
- Zeltunterlage
- Planen
- Stangen
- Heringe
- Hammer
- Heringzieher
- Spannseile und Gurte
- Sturmseile
- Windschutz

REISE-INFOS

- Einreisebestimmungen studieren, z.B. Visabestimmungen, Einfuhr von organischen Produkten, Alkohol etc.
- Mautregeln und Ferientage anderer Länder bei Routenplanung beachten
- Zollbestimmungen
- Verkehrsregeln anderer Länder lernen
- Bestimmungen für die Mitnahme von Haustieren kennen
- Reisewarnungen des Auswärtigen Amtes beachten
- Herausfinden, in welchen Ländern und Regionen wildes Campen erlaubt ist

SANITÄRES

- Toilette
- Toilettenzelt
- Sanitärflüssigkeiten, möglichst umweltfreundliche Lösungen
- Toilettenpapier
- Duschzelt
- Duschunterlage
- Gegebenenfalls Solardusche
- Duschbeutel

HYGIENE UND KÖRPERPFLEGE

- Wasserfilter
- Desinfektionsmittel
- Möglichst umweltfreundliche Seife
- Waschlappen
- Damenprodukte
- Rasierer
- Zahnpasta
- Zahnbürste
- Haarbürste/Kamm
- Handtuch
- Deodorant
- Persönliche Cremes und Pflegeprodukte
- Shampoo
- Duschgel
- Nagel-Set
- Kontaktlinsenmittel

SAUBERKEIT

- Besen
- Mop
- Waschmittel
- Wäscheleine
- Schwamm/Lappen
- Handschaufel, besonders gut für Zelt und Wohnwagen geeignet
- Waschschüssel
- Spülmittel, möglichst umweltschonend

SCHLAFEN

- Schlafsack
- Isomatte/Luftmatratze
- Bettdecke
- Bettlaken und Bettbezug

- Luftpumpe
- Kissen
- Moskitonetz
- Wecker

KOCHEN

- Gaskocher
- Elektrokochplatte mit Anschlüssen
- Grill
- Kohle
- Grillanzünder
- Gaskartuschen
- Gasschlauch
- Kühlschrank
- Kühlbox
- Topf
- Pfanne
- Streichhölzer/Feuerzeug
- Teller
- Schüsseln
- Tassen
- Besteck
- Küchenmesser
- Kochzange
- Pfannenwender
- Kochlöffel
- Schöpflöffel
- Dosenöffner
- Schäler
- Sieb
- Schneidebrett
- Tupperdosen

(die auch als Schüsseln dienen können)

- Gummiringe
- Thermoskanne
- Wasserkanister
- Wasserkrug oder -eimer
- Geschirrtücher
- Küchenrolle
- Alupapier (auch gut für den Grill
- Kaffeemaschine
- Kaffeefilter
- Wasserkocher

LEBENSMITTEL-GRUNDAUSSTATTUNG

- Öl zum Kochen und für Salate
- Ihre Lieblingsgewürze: Salz, Kräutersalz, Pfeffer, Paprika, Rosmarin etc.
- Pasta
- Reis
- Couscous –> extrem leicht zuzubereiten!
- Wasser
- Essig
- Tomatensoße
- Tomatenmark
- Gemüsebrühe: Eignet sich hervorragend für Suppen und als Geschmacksverstärker in Soßen
- Brotaufstrich wie Marmelade oder Honig
- Müsli
- Milch
- Saft
- Ketchup
- Senf
- Tee
- Kaffee
- Zwiebeln
- Knoblauch
- Obst
- Gemüse

KLEIDUNG

- Freizeitschuhe
- Stiefel
- Flip Flops, z.B. für dreckige Duschen etc.
- Hosen
- Kurze Hosen
- Langärmlige Shirts als Moskitoschutz
- Unterwäsche
- Schlafsachen
- Regencape
- Regenhose

- T-Shirts
- Socken
- Mütze
- Pullover
- Badeanzug oder Badehose
- Schwimmbrille
- Wäschebeutel
- Schlafsachen

AUSFLÜGE

- Stirnlampe/Laterne
- Taschenmesser
- Rucksack
- Wanderkarten
- Wanderschuhe
- Wanderhose
- Wandersocken

ENERGIEEFFIZIENZ UND UMWELTSCHUTZ

- Deckel für Pfannen und Töpfe, um den Energieverlust zu minimieren
- Plastik vermeiden und wiederverwerten
- Wer sich nicht überpackt, verringert die Umweltbelastung
- Soweit es geht Produkte mit Öko-Siegel verwenden
- Autos müssen vor der Abreise auf Mängel überprüft werden, um sicherzustellen, dass sie nicht unnötig die Umwelt belasten (z.B. durch Lecks, Risse, Ausbeulungen, ein defektes Auspuffsystem etc.)

SONNENSCHUTZ

- Sonnencreme
- Lange, helle Kleidung

- Sonnenhut
- Sonnenbrille mit ausreichendem UV-Schutz
- Sonnenschirm
- Reflektierende Aluminiumfolie für die Windschutzscheibe/Fenster/als Zeltüberhang

REGENSCHUTZ

- Zeltplane
- Schirm
- Wasserfeste Kleidung
- Gummistiefel

STURMSCHUTZ

- Blitzableiter
- Sturmleinen und Außenzelt
- Spanngurte

INSEKTENSCHUTZ

- Lange, helle Kleidung hält Mücken ab
- Salbei und Lavendel halten Insekten fern, wenn sie angezündet werden
- Auch Citronella, Zimt, Rosmarin, Pfefferminze, Nelken und Neem helfen als ätherische Öle
- Moskitonetze für Fenster, Türen und Schlafgelegenheiten
- Schweiß lockt Mücken an, also vor dem Schlafen gehen eine Katzenwäsche oder Dusche absolvieren
- Stehendes Wasser zieht Insekten an

ERSTE HILFE

- Desinfektionsmittel
- Verbandpäckchen
- Verbandtuch
- Elastische Binde
- Fixierbinde
- Thermometer
- Sterile Handschuhe
- Pflaster
- Brand- und Wundheilsalbe
- Zinksalbe
- Wundnahtstreifen
- Schere
- Schmerzmittel
- Dreiecktücher
- Antiallergikum für Notfälle
- Verschreibungspflichtige Medikamente, z.B. ausreichend Schilddrüsentabletten, Diabetiker-Ausrüstung etc. und Kopien der Rezepte mitnehmen
- Elektrolyte für Magen-Darmkrankheiten
- Kamillentee-Beutel für Magenbeschwerden
- Sicherheitsnadeln
- Pinzette
- Wundkompressen
- Alkoholtupfer
- Rettungsfolie
- Kühl-Pack
- Beipackzettel für sämtliche Medikamente

HAUSTIERE

- Leine
- Kotbeutel
- Spielzeug
- Hundefutter
- Hundekorb
- Hundepass

- Napf
- Erdanker
- Halsband
- Hundedecke
- Desinfektionscreme
- Zeckenzange
- Zeckenhalsband

KINDER UND FAMILIE

- Alle Kinder an Bord?
- Beschäftigung: Weißes Papier, Buntstifte, Spiele etc.
- Bei Kleinkindern: Schnuller, Windeln, Flasche etc.
- Kinderwagen
- Genügend Wechselkleidung
- Kinder-Gummistiefel und „Matsch“-Kleidung
- Gegebenenfalls Plastikbesteck- und –geschirr
- Extra-Taschenlampe oder Laterne, falls die Kinder Angst haben, im Dunkeln zu schlafen

ERINNERUNGEN

- Kamera mit Ladekabel und Ersatz-Akkus
- Kameraobjektive
- Stativ
- Notizbuch
- Schreibutensilien
- Adressbuch für Postkarten

ELEKTRONISCHES

- Musikgerät
- Kopfhörer
- Lautsprecher
- Radio
- Handy
- Fernseher
- Computer
- Kamera
- Digitalkamera
- Ladegeräte nicht vergessen!
- Adapter für das Ausland
- Gegebenenfalls Verlängerungskabel und Mehrfachsteckdose

WERKZEUG

- Schraubenzieher
- Schraubenschlüssel
- Rohrzange
- Hammer
- Säge
- Astschere
- Arbeitshandschuhe
- Wasserwaage
- Draht
- Powerband
- Klebeband
- Klebstoff

SICHERHEIT

- Feuerlöscher
- Sicherheitsschloss, am besten mit Zahlenkombination, damit ein
- Alarmanlage
- Rauchmelder

verlorener Schlüssel nicht im Familienstreit endet

MÜLL

- Mülltüten oder alte Plastiktüten
- Gegebenenfalls Mülleimer

ORIENTIERUNG

- Straßen-Atlas
- Navigationssystem
- Kompass oder GPS-Gerät für Wanderungen
- Für Wanderungen ein Not-Handy dabei haben

DOKUMENTE

- Gültiger Pass oder Personalausweis
- Gegebenenfalls Visum
- Führerschein
- Fahrzeugpapiere
- Impfpass
- Gesundheitskarte
- Schutzbriefe
- Bestätigungen der relevanten Versicherungen, wie Auslandsversicherung, Fahrzeugversicherung, Reiserücktrittversicherung etc.
- Bedienungsanleitungen aller wichtigen Geräte und Fahrzeuge
- Mitgliedskarten
- Vignetten
- Tickets für Verkehrsmittel etc.
- Papiere für Kinder und Haustiere
- Kopien oder eingescannte Versionen der der

wichtigsten Papiere, falls sie abhandenkommen

HÄUSLICHES

- Nachbarn oder Freunden den Schlüssel geben
- Blumenversorgung organisieren
- Haustierversorgung sicherstellen
- Heizung und Warmwasser abstellen
- Wasserhähne abdrehen, auch bei Spül- und Waschmaschine
- Gashähne zudrehen
- Alarmanlage anschalten
- Strom ausschalten
- Rauchmelder überprüfen
- Kühlschrank von Lebensmitteln befreien, die verderben können
- Fenster und Türen schließen
- Mülleimer leeren
- Abonnements für die Dauer des Urlaubs abbestellen
- Nachbarn oder Freunde mit Briefkasten-Entleerung beauftragen

FINANZIELLES

- Kreditkarten
- EC-Karte
- Bargeld
- Online-Banking Infos
- Informationen zu Sperrnummern
- Geldbeutel oder Geldgürtel
- Getrennte Aufbewahrungsorte für die verschiedenen Geldmittel wählen

UNTERHALTUNG

- Buch
- Zeitschriften
- Gesellschaftsspiele
- Karten
- Würfel
- Fangspiele
- Federball
- Fußball
- Slackline
- Musikinstrumente, z.B. eine Gitarre für Lagerfeuer-Stimmung

ENTSPANNUNG

- Hängematte
- Kerzen
- Yoga-Matte
- Aromastoffe

DIVERSES

- Gaffa-Klebeband
- Karabinerhaken
- Notfall-Näh-Set
- Flick-Set für Zelt, Luftmatratze etc.
- Liegestühle
- Camping-Lampe
- Klapptisch und Klappstühle
- Batterien für Stirnlampe, Radio etc.
- Wörterbuch
- Reiseführer
- Picknickdecke
- USB Sticks, um Fotos etc. zu speichern und Platz auf der Speicherkarte zu schaffen
- Brille und gegebenenfalls Ersatzbrille
- Kontaktlinsen
- Fahrrad und Fahrradzubehör

- Streichhölzer/Feuerzeug
- Ventilator
- Decken

DIE WICHTIGSTEN NUMMERN

- Nummern der **Deutschen Botschaft** im Ausland notieren
- Die **Notrufnummer 112** gilt in der gesamten EU gebührenfrei
- Landesspezifische Notarztnummern der zu bereisenden Länder notieren
- **Sperrnotrufnummern** für EC-Karten und Kreditkarten notieren.
- Telefonnummer und Versicherungsnummer der **Inlands- bzw. Auslandsversicherung** immer bei sich tragen
- Zentrale Notfallnummer des **Auswärtigen Amts: 03018 17 0**
- **Internationales Rotes Kreuz**: 41 (22) 730 4222
- **ADAC Pannenhilfe** Inland: 01802 22 22 22; Handy: 22 22 22
- ADAC Pannenhilfe Ausland: 0049 89 22 22 22

GRUNDREGELN DES CAMPING

1. **Die Natur sollte so zurückgelassen werden, wie man sie vorgefunden hat.**

2. **Wilde Tiere sind keine Haustiere!** Nicht füttern oder berühren, sondern meiden.

3. **Auf Nachhaltigkeit setzen!** Auch wenn Einweg-Verpackungen und -Gegenstände auf den ersten Blick praktischer erscheinen, so sind sie doch Gift für die Naturressourcen, von denen Sie als Camper profitieren.

Quellen

https://de.camperstyle.net/typische-campingfehler-und-wie-du-es-besser-machst/

https://de.camperstyle.net/camping-einsteiger-tipps/

https://de.camperstyle.net/wohnwagen-richtig-beladen-sicherheit/#fahrstabilitaetwie-belade-ich-richtig

https://www.alko-tech.com/de/al-ko-trailer-control-atc

https://de.camperstyle.net/wohnwagen-richtig-beladen-sicherheit/#fahrstabilitaetwie-belade-ich-richtig

https://www.promobil.de/tipp/verkehrsregeln-mit-dem-wohnmobil-im-strassenverkehr/

https://www.promobil.de/tipps/maut-wohnmobil-bezahl-system-europa/

https://www.camperdays.de/blog/reiseplanung/wohnmobil-tipps/wohnmobil-tour-planen.html

https://www.promobil.de/werkstatt/ratgeber-wohnmobil-fuer-die-winterpause-einmotten-bei-promobil-de/

https://de.camperstyle.net/winterpause-kosten-sparen-mit-ruheversicherung-oder-saisonkennzeichen/

https://my-road.de/camper-mieten/#

https://www.wohnmobil-abc.de/wohnmobil-info/pflege/wartung-pflege/

https://www.camperdays.de/blog/reiseplanung/wohnmobil-saisonstart-vorbereitung.html

https://www.trekkingmagazin.com/themen/ratgeber/mit-dem-wohnmobil-ins-ausland-was-muss-man-beachten

https://www.caramaps.com/blog/de/mit-dem-wohnmobil-durch-europa-unterwegs-sein/

https://www.ausflugsbox.de/tempolimits-wohnmobile-wohnwaegen-europa/

https://paulcamper.de/magazin/camping-apps/#stellplätzeunterwegssuchen

https://www.freeontour.com/de/articles/ratgeber/grundregeln-und-tipps-zum-sicheren-fahren-mit-wohnmobil-oder-caravan

https://www.tk.de/techniker/magazin/reisen/reisen-ohne-risiko/reisekrankheit-2007506

https://www.suncamp.de/blog/listing/tipps-fuer-die-urlaubsfahrt-mit-wohnmobil/

https://www.caravaning.de/tipp/den-richtigen-campingplatz-finden-fuer-caravan-urlaub/

https://camper-guide.de/lexikon/parzelle/

https://www.camping.info/magazin/de/camping-knigge-mit-diesen-7-tipps-wirst-du-der-lieblingsnachbar-auf-dem-campingplatz

https://www.geo.de/natur/18664-rtkl-zelten-wild-campen-hier-ist-es-auch-deutschland-erlaubt

https://www.bergfreunde.de/basislager/hotel-europa-wo-ist-wild-campen-wie-erlaubt/

https://www.urlaubsguru.de/reisemagazin/camping-gadgets/

https://www.campingtoilette-guenstig.de/magazin/die-grosse-camping-checkliste/

Wir danken Ihnen für Ihr Interesse und Ihr Vertrauen. Als Dankeschön dafür, haben wir eine besondere Überraschung. Wir haben exklusiv für Sie **10 Tipps, die für beste Campingerlebnisse ohne Ungeziefer sorgen und die besten Erste Hilfe Tipps.** Und diese erhalten Sie vollkommen kostenlos. Das klingt wunderbar? Dann warten Sie nicht lange und holen Sie sich Ihr Gratis-Geschenk.

Hier geht es zu Ihrem Gratis-Geschenk:

https://forms.gle/HD7hiJYwZYdsrgrPA

1. **Öffnen Sie die Kamera-App auf Ihrem Smartphone und richten Sie die Kamera auf den QR-Code.**
2. **Klicken Sie auf den Link, der Ihnen angezeigt wird und schon werden Sie zur Website weitergeleitet.**

Impressum

Herausgeber: Orbita Media Verlag GmbH & Co. KG / Ericusspitze 4 / 20457 Hamburg
Kontakt: kontakt@empireofbooks.de
Website: https://empireofbooks.de
Coverbild: Shutterstock

Haftungsausschluss:
Die Nutzung dieses Buches und die Umsetzung der enthaltenen Informationen, Anleitungen und Strategien erfolgt auf eigenes Risiko. Der Autor kann für etwaige Schäden jeglicher Art aus keinem Rechtsgrund eine Haftung übernehmen. Haftungsansprüche gegen den Autor für Schäden materieller oder ideeller Art, die durch die Nutzung oder Nichtnutzung der Informationen bzw. durch die Nutzung fehlerhafter und/oder unvollständiger Informationen verursacht wurden, sind grundsätzlich ausgeschlossen. Rechts- und Schadenersatzansprüche sind daher ausgeschlossen. Dieses Werk wurde sorgfältig erarbeitet und niedergeschrieben. Der Autor übernimmt jedoch keinerlei Gewähr für die Aktualität, Vollständigkeit und Qualität der Informationen. Druckfehler und Falschinformationen können nicht vollständig ausgeschlossen werden. Es kann keine juristische Verantwortung sowie Haftung in irgendeiner Form für fehlerhafte Angaben vom Autor übernommen werden. Die bereitgestellten Analysen, Vorschläge, Ideen, Meinungen, Kommentare und Texte sind ausschließlich zur Information bestimmt und können ein individuelles Beratungsgespräch nicht ersetzen. Alle Informationen dieses Buches entsprechen dem Kenntnisstand zum Zeitpunkt des Verfassens dieses Buches. Eine Haftung für mittelbare und unmittelbare Folgen aus den Informationen dieses Buches ist somit ausgeschlossen.
Informieren Sie sich weitläufig aus unterschiedlichen Quellen und bedenken Sie, dass am Ende nur Sie für die Entscheidungen verantwortlich sind.

Haftung für externe Links:
Unser Angebot enthält Links zu externen Websites Dritter, auf deren Inhalte wir keinen Einfluss haben. Deshalb können wir für diese fremden Inhalte auch keine Gewähr übernehmen. Für die Inhalte der verlinkten Seiten ist stets der jeweilige Anbieter oder Betreiber der Seiten verantwortlich. Die verlinkten Seiten wurden zum Zeitpunkt der Verlinkung auf mögliche Rechtsverstöße überprüft. Rechtswidrige Inhalte waren zum Zeit-punkt der Verlinkung nicht erkennbar.